Impressum
Verlag: BABADADA GmbH, Nedderfeld 112 , 22529 Hamburg
Geschäftsführer / Verlagsleitung: Harald Hof
Druck: Books on Demand GmbH, In de Tarpen 42, 22848 Norderstedt

Imprint
Publisher: BABADADA GmbH, Nedderfeld 112 , 22529 Hamburg, Germany
Managing Director / Publishing direction: Harald Hof
Print: Books on Demand GmbH, In de Tarpen 42, 22848 Norderstedt, Germany

ቤት-ትምህርቲ

škola

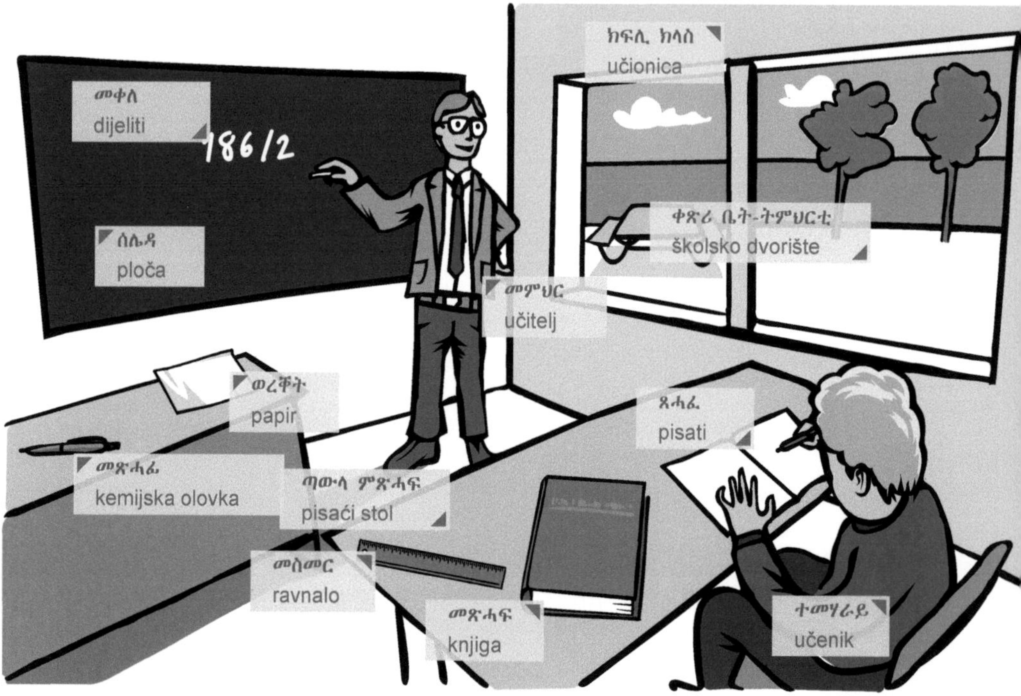

ክፍሊ ክላስ
učionica
መቀለ
dijeliti
186/2
ሰሌዳ
ploča
ቀጽሪ ቤት-ትምህርቲ
školsko dvorište
መምህር
učitelj
ወረቐት
papir
ጸሓፈ
pisati
መጽሓፊ
kemijska olovka
ጣውላ ምጽሓፍ
pisaći stol
መስመር
ravnalo
መጽሓፍ
knjiga
ተመሃራይ
učenik

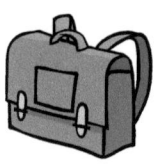

ሳንጣ ትምህርቲ

torba

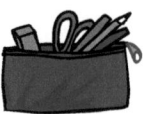

ሰፈር ብርዒ

pernica

ርሳስ

grafitna olovka

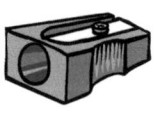

መብልሒ ርሳስ

šiljilo za olovke

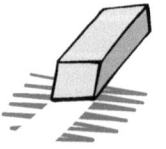

መደምሰሲ

gumica za brisanje

ጥራዝ ስእሊ

blok za crtanje

ስእሊ

crtež

ብርዒ ቀለም

kist

ቦክስ ቀለም

kutija s bojama

መቐስ

makaze

መጣበቒ

ljepilo

ጥራዝ መላመዲ

bilježnica

ዕዮ ገዛ

domaći zadatak

ቑጽሪ

broj

መሰኽ

sabirati

ነደለ

oduzimati

ረብሓ

množiti

ደመረ

računati

ፊደል

slovo

ስርዓት ፊደላት

abeceda

ቃል

riječ

ጽሑፍ
....
tekst

አንበበ
....
čitati

ኩርሽ
....
kreda

ሰዓት
....
sat

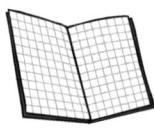

መዝገብ ክላስ
....
dnevnik

መርመራ
....
ispit

ሰርቲፊከት
....
svjedodžba

ድቢዛ ቤትትምህርቲ
....
školska uniforma

ትምህርቲ
....
obrazovanje

ለክሲኮን
....
leksikon

ዩኒቨርሲቲ
....
sveučilište

ሚክሮስኮፕ
....
mikroskop

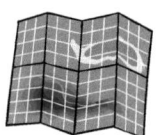

ካርታ
....
karta

ጎሓፍ ወረቐት
....
košara za papir

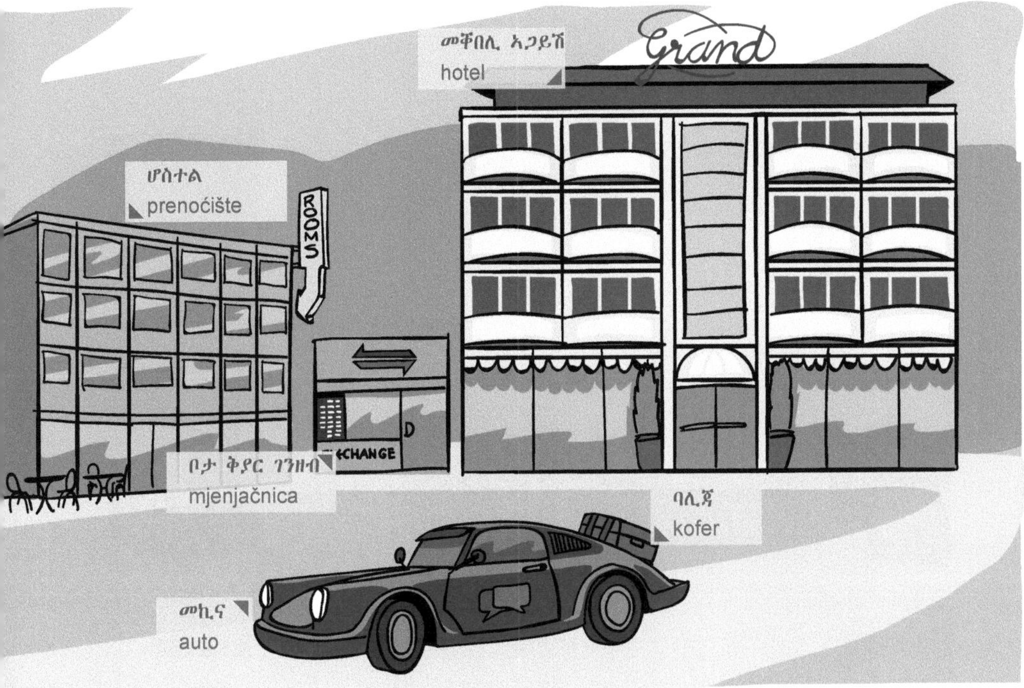

putovanje

መቀበሊ, አጋይሽ
hotel

ሆስተል
prenoćište

ቦታ ቅያር ገንዘብ
mjenjačnica

ባሊጃ
kofer

መኪና
auto

ቋንቋ

jezik

እወ / ኖ

da / ne

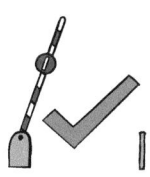

ሕራይ

okay

ሰላም

zdravo

አስተርጓሚ

prevoditelj

የቾንየለይ

hvala

. . . ክንደይ ዋግኡ?

Koliko košta...?

አይተረድኣኹን

ne razumijem

ሽግር

problem

ሰላም ምሸት!

dobro veče!

ከመይ ሓዲርካ

Dobro jutro!

ሰላም ለይቲ

Laku noć!

ደሓን ኩን

doviđenja

አንፈት

smjer

ጓዓዝ

prtljaga

ሳንጣ

torba

ሳንጣ ሕቖ

ruksak

ጋሻ

gost

ክፍሊ

soba

ክሻ መደቆሲ

vreća za spavanje

ቴንዳ

šator

ሓበሬታ በጻሕቲ ሃገር

turističke informacije

ገምገም ባሕሪ

plaža

ክሬዲት ካርድ

kreditna kartica

ቁርሲ

doručak

ምሳሕ

ručak

ድራር

večera

ቲከት

karta za vožnju

ሊፍት

dizalo

ማሕተም ደብዳበ

poštanska markica

ዶብ

granica

ድንና

carina

ኣምባሲ

ambasada

ቪዛ

viza

ፓስፖርት

putovnica

መጓዓዝያ
transport

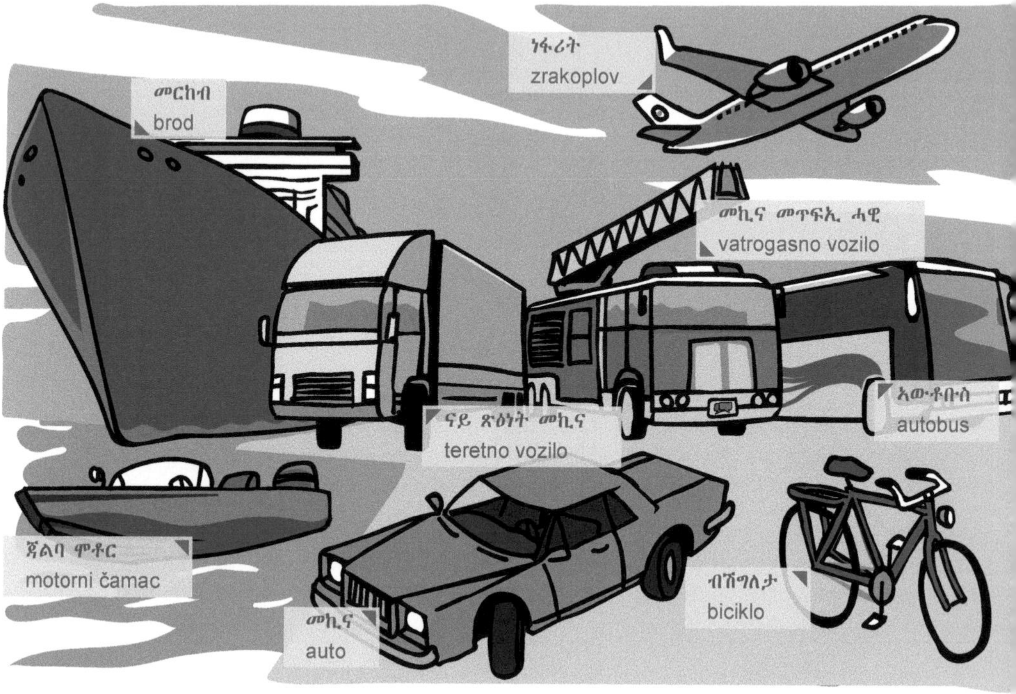
ነፋሪት
zrakoplov
መርከብ
brod
መኪና መጥፍኢ ሓዊ
vatrogasno vozilo
ኣውቶቡስ
autobus
ናይ ጽዕነት መኪና
teretno vozilo
ጃልባ ሞቶር
motorni čamac
ብሽግለታ
biciklo
መኪና
auto

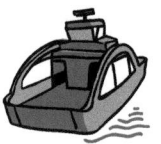

ፌሪ

trajekt

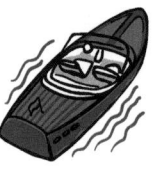

ጃልባ

čamac

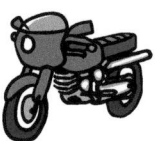

ሞቶ

motocikl

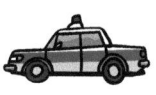

መኪና ፖሊስ

policijski auto

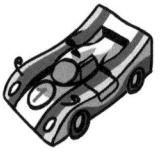

መኪና ቅድድም

trkaći auto

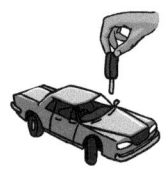

ክራይ መኪና

iznajmljeno auto

ምውፋይ መካይን

dijeljenje automobila

መወስዲ መኪና

vučno vozilo

መኪና ነሓፍ

vozilo za odvoz smeća

ሞቶር

motor

ነዳዲ

benzin

እንዳ ነዳዲ

benzinska postaja

ምልክት ትራፊክ

prometni znak

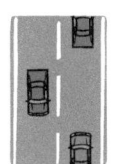

ትራፊክ

promet

ምጭቕጫቕ ትራፊክ

zastoj

መዕሸጊ መኪና

parkiralište

መዕረፊ ባቡር

kolodvor

ሓዲግ

šine

ባቡር

vlak

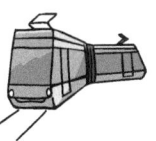

ትረም

tramvaj

ባጎኒ

vagon

ሄሊኮፕተር

helikopter

መዓረፍ ነፈርቲ

zrakoplovna luka

ታወር

toranj

ተጓዓዚ

putnik

ኮንተይነር

kontejner

ሳንዱኅ ካርቶን

karton

ኮርሳ ጽዕነት

kolica

ዘንቢል

košara

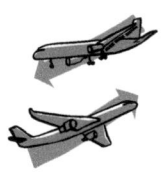

ተበገሰ / ዓለበ

uzletjeti / sletjeti

ከተማ

grad

ቀዬሸት

selo

ማእከል ከተማ

centar grada

ገዛ

kuća

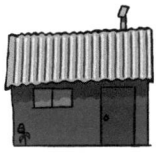

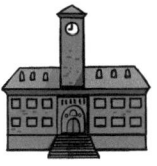

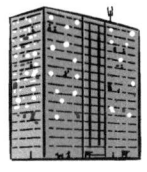

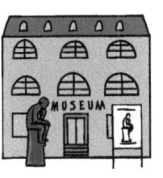

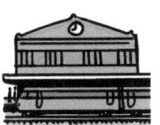

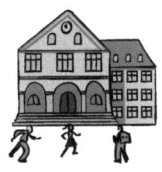

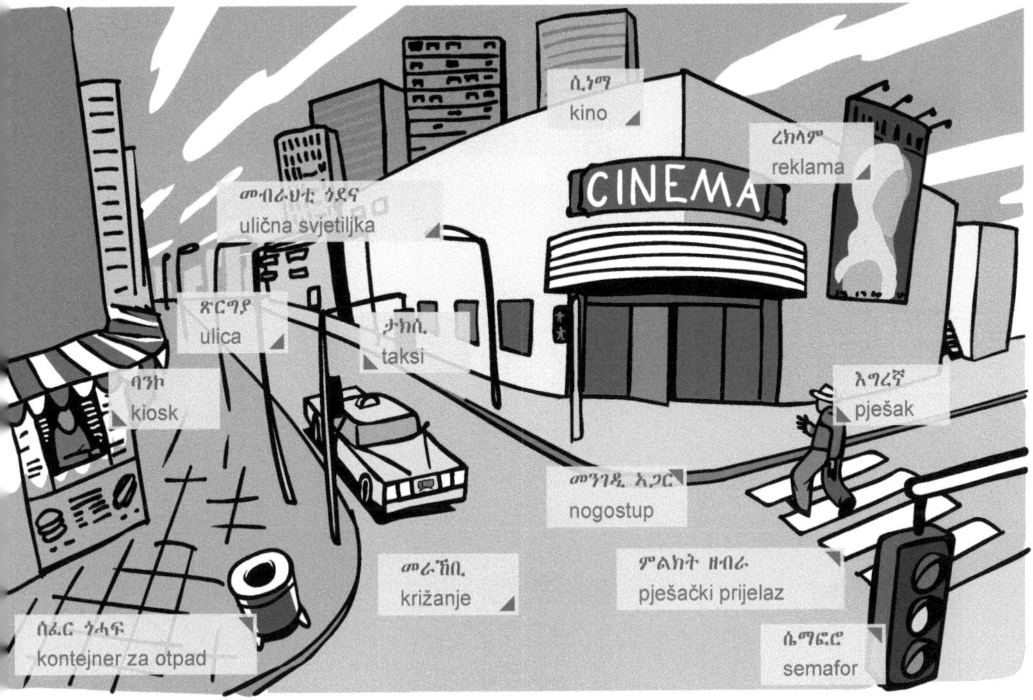
CINEMA
ሲነማ
kino
ረክላም
reklama
መብራህቲ ጎደና
ulična svjetiljka
ጽርግያ
ulica
ታክሲ
taksi
ባንኮ
kiosk
እግረኛ
pješak
መንገዲ እጋር
nogostup
መራኸቢ
križanje
ምልክት ዘብራ
pješački prijelaz
ሰፈር ጎሓፍ
kontejner za otpad
ሴማፎሮ
semafor

እጉዶ
....
koliba

ኣፓርትመንት
....
stan

መዕረፊ ባቡር
....
kolodvor

ቤት ምምሕዳር
....
vijećnica

ቤተ መዘክር
....
muzej

ቤት-ትምህርቲ
....
škola

ዩኒቨርሲቲ

sveučilište

ባንክ

banka

ሆስፒታል

bolnica

መቐበሊ ኣጋይሽ

hotel

ቤት መድሃኒት

ljekarna

ቤት ጽሕፈት

ured

ዱኳን መጽሓፍቲ

knjižara

ዱኳን

prodavaonica

ዱኳን ዕንባባ

cvjećara

ሱፐርማርክት

supermarket

ዕዳጋ

trg

ሹቕ

robna kuća

ነጋዶይ ዓሳ

ribarnica

ሹቕ

trgovački centar

መርሳ

luka

መዘናግዒ
....
park

ባንኪ
....
klupa

ድልድል
....
most

መደያይቦ
....
stepenice

ባቡር ትሕቲ ምድሪ
....
podzemna željeznica

ቢንቶ
....
tunel

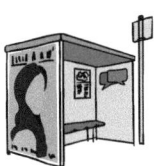

መዕረፊ ኣውቶቡስ
....
autobusna stanica

ቤት መስተ
....
bar

ቤት-መግቢ
....
restoran

ስታሪት
....
poštansko sanduče

ታቤላ
....
ulični znak

ሰዓት ፓርኪንግ
....
parkirni sat

መካነ እንስሳታት
....
zoološki vrt

መሓምበሲ
....
bazen

መስጊድ
....
džamija

ቤት ሕርሻ
seosko gazdinstvo

ብከላ
zagađenje okoliša

መቃብር
groblje

ቤተክርስትያን
crkva

ቦታ ምጽዋት
igralište

ቤት መቅደስ
hram

ስእሊ መሬት

krajolik

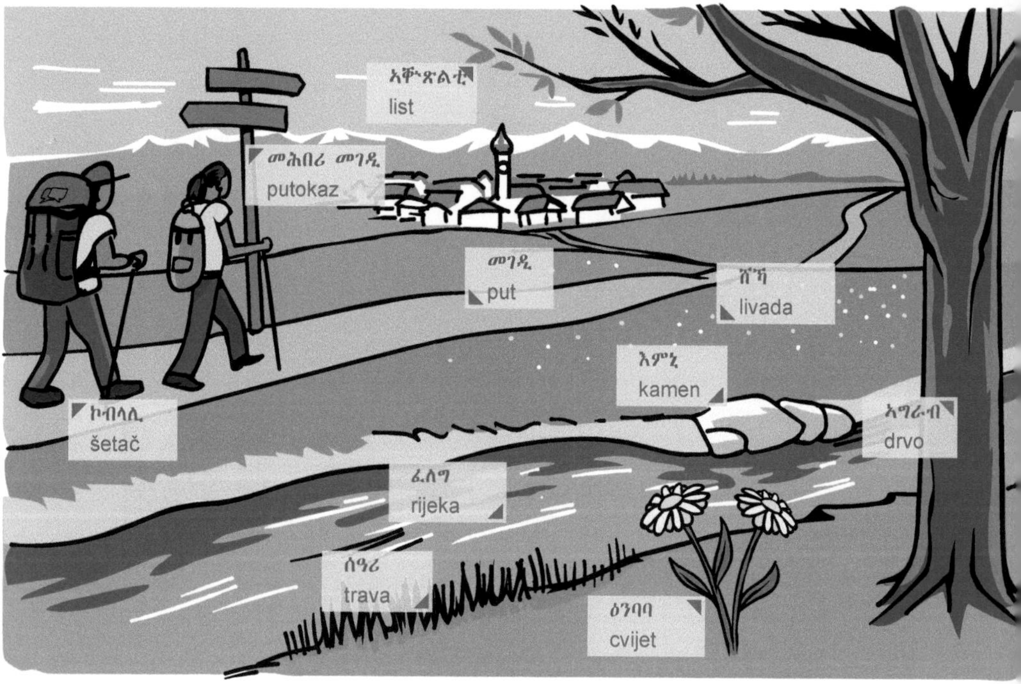

አቝጻልቲ
list

መሕበሪ መገዲ
putokaz

መገዲ
put

ሸኻ
livada

እምኒ
kamen

ኮብላሊ
šetač

ኣግራብ
drvo

ፈለግ
rijeka

ሰዓሪ
trava

ዕንባባ
cvijet

ስንጭሮ
dolina

ጎበ
planina

ቀላይ
jezero

ዱር
šuma

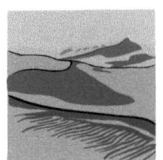

ምድረ በዳ
pustinja

እሳተ-ጎመራ
vulkan

ግምቢ
dvorac

ቀስተ-ደመና
duga

ቃንጥሻ
gljiva

ዓርኮብኮባይ
palma

ጣንጡ
moskito

ሃመማ
muha

ጻጻ
mrav

ንህቢ
pčela

ሳሬት
pauk

ሕንዚዝ
....
buba

ዕንቅርያብ
....
žaba

ምጽጹላይ
....
vjeverica

ቅንፍዝ
....
jež

ማንቲስ
....
zec

ጉንን
....
sova

ጭሩ
....
ptica

ስዋን
....
labud

መፍለስ
....
divlja svinja

ዓጋዝን
....
jelen

ሙስ
....
los

ግድብ
....
nasip

ተርባይን ንፋስ
....
vjetrenjača

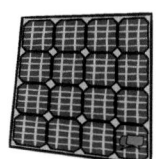

ሶላር ስርሓት
....
solarna ploča

ኩነታት አየር
....
klima

ቤት-መግቢ
restoran

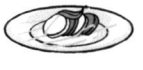

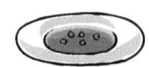

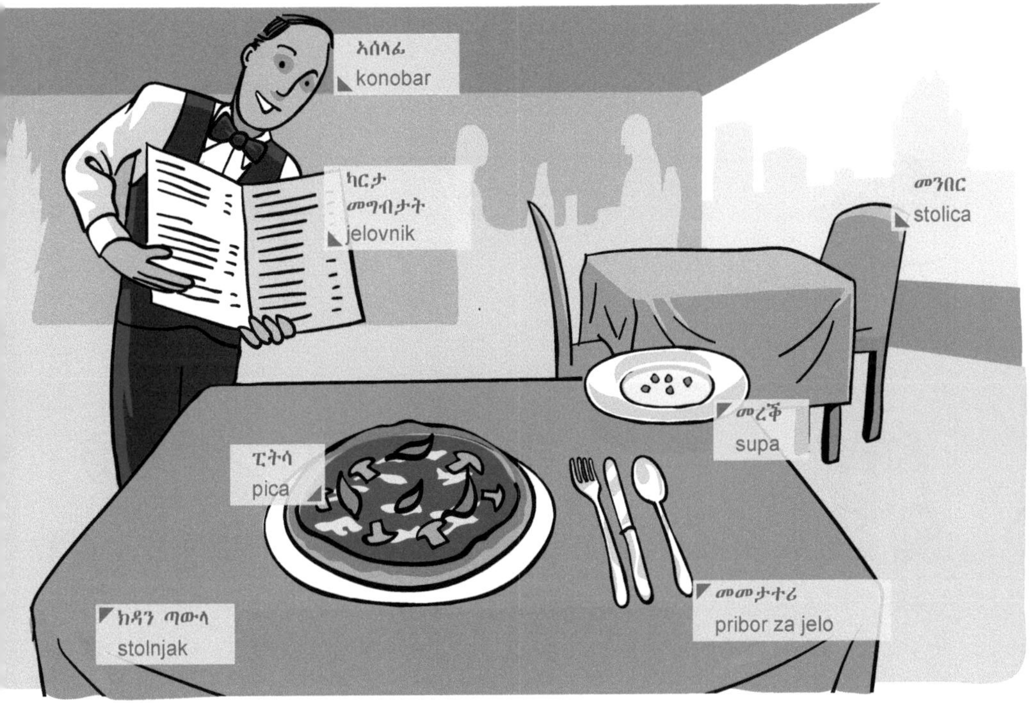
ኣሰላፊ
konobar
ካርታ መግብታት
jelovnik
መንበር
stolica
መረቕ
supa
ፒትሳ
pica
መመታተሪ
pribor za jelo
ክዳን ጣውላ
stolnjak

ቅድመ ቀንዲ መግቢ

predjelo

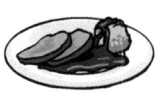

ቀንዲ መኣዲ

glavno jelo

ድሕረ መግቢ

desert

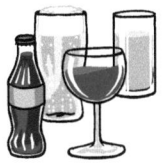

መስተ

napitci

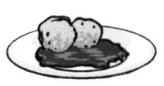

መግቢ

jelo

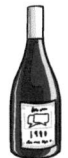

ጥርሙዝ

boca

ስሉጥ መግቢ

fastfood

መግቢ ጽርግያ

imbis hrana

ብርጭቆ ሻሂ

čajnik

ታኒካ ሽኮር

doza za šećer

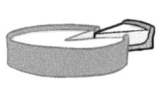

ክፋል

porcija

ማሺን ኤስፕረሶ

aparat za espresso

ነዊሕ መንበር

visoka stolica

ጻብጻብ

račun

ታብለት

pladanj

ካራ

nož

ፋርከታ

vilica

ማንካ

žlica

ማንካ ሻሂ

čajna žlica

ሰርቭየተ

ubrus

ብኬሪ

čaša

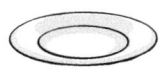

ሸሓኒ

tanjur

ሸሓኒ መረቅ

tanjur za supu

ትሕቲ ኩባያ

tanjurić

ጸብሒ

sos

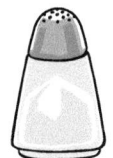

ወሃቢ ጨው

soljenka

መጥሓን በርበረ

mlin za biber

ኣቾቶ

ocat

ዘይቲ

ulje

ቀመም

začini

ከቾፕ

kečap

ኣድሪ

senf

ማዮኔዝ

majoneza

ሱፐርማርክት

supermarket

ወፈያ
ponuda
FOR
ዓሚል
kupac
ፍርያታት ጸባ
mliječni proizvodi
ፍረታት
voće
ሰረገላ ዱኳን
kolica za kupnju

BUTCHERS

እንዳ ስጋ

mesnica

BAKERY

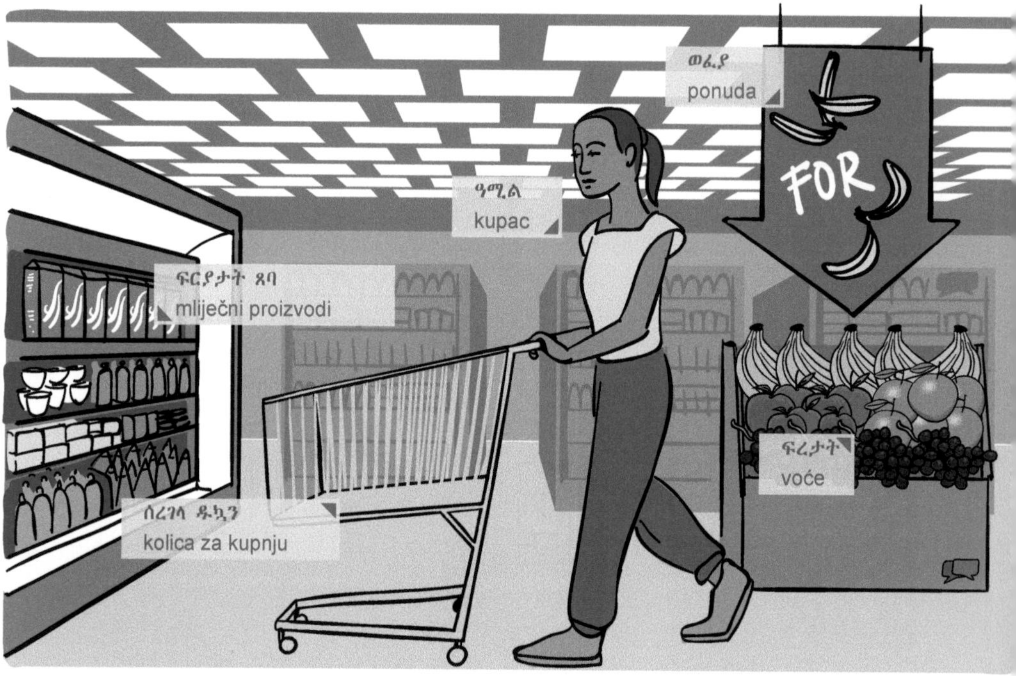

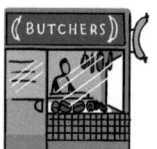

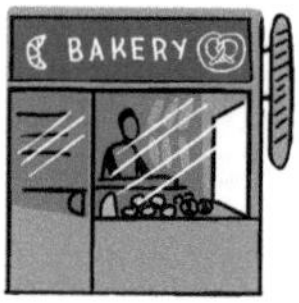

እንዳ ባኒ

pekarnica

ክብደት

vagati

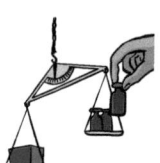

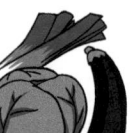

ኣሕምልቲ

povrće

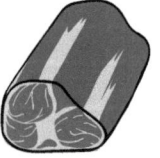

ስጋ

meso

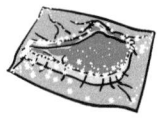

መግቢ ፍሪጅ በረድ

duboko smrznuta hrana

ዝሓል ቅሩብ መግቢ
narezak

እስቃጥላ
konzerve

ኦሞ
sredstvo za pranje

ምቁር መግቢ
slatkiši

ዘቤታውያን ኣቑሑ
artikli za domaćinstvo

ናውቲ መጸረዪ
sredstva za čišćenje

ሽቃጣይ
prodavačica

ካሳ
blagajna

ተሓዝ ገንዘብ
blagajnik

ዝርዝር ምግዛእ
lista za kupnju

ክፉት ሰዓታት
vrijeme rada

ማሕፉዳ
novčanik

ክሬዲት ካርድ
kreditna kartica

ሳንጣ
torba

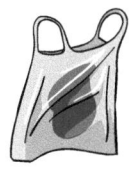

ፌስታል
plastična vrećica

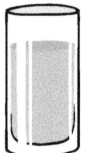

ማይ

voda

ጅማቆ

sok

ጸባ

mlijeko

ኮላ

cola

ነቢት

vino

ቢራ

pivo

አልኮል

alkohol

ካካው

kakao

ሻሂ

čaj

ቡን

kava

ኤስፕረሶ

espresso

ካፑቺኖ

cappuccino

ባናና

banana

ቱፋሕ

jabuka

አራንሺ

naranča

ብርጭቆ

lubenica

ለሚን

limun

ካሮት

mrkva

ጾዕዳ ሽጉርቲ

češnjak

ባምቡስ

bambus

ሽጉርቲ

luk

ቅንጥሻ

gljiva

ፉል

orašasti plodovi

ፓስታ

rezanci

ስፓጌቲ

špagete

ሩዝ

riža

ሰላጣ

salata

ቅልዋ ድንሽ

pomfrit

ቅሉው ድንሽ

pečeni krumpir

ፒትሳ

pica

ሃምቡርገር

hamburger

ፓኒኖ

sendvič

ቢስተካ

šnicla

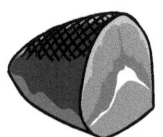

ሰለፍ ሓሰማ

pršut

ሳላሚ

salama

ግዕዝም

kobasica

ደርሆ

kokoš

ቁለወ

pečenje

ዓሳ

riba

ገዓት
zobene pahuljice

ሙስሊ
musli

ኮርንፍለይክስ
kukuruzne pahuljice

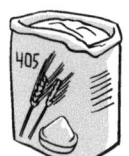

ሓርጭ
brašno

ክሮሶን
roščić

ባኒ
pecivo

ባኒ
kruh

ቶስት
toast

ብሽኮቲ
keksi

ጠስሚ
maslac

ርጎኦ
svježi sir

ፓስተ
kolač

እንቋቁሖ
jaje

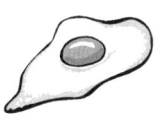

ቅሉው እንቋቁሖ
jaje na oko

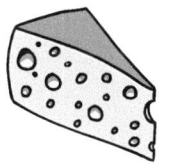

ፋርማጆ
sir

አይስ ክሪም

sladoled

ሽኩር

šećer

መዓር

med

ጅም

marmelada

ኑጋት-ክሬም

nugat krema

ኩሪ

curry

ቤት ሕርሻ

seosko gazdinstvo

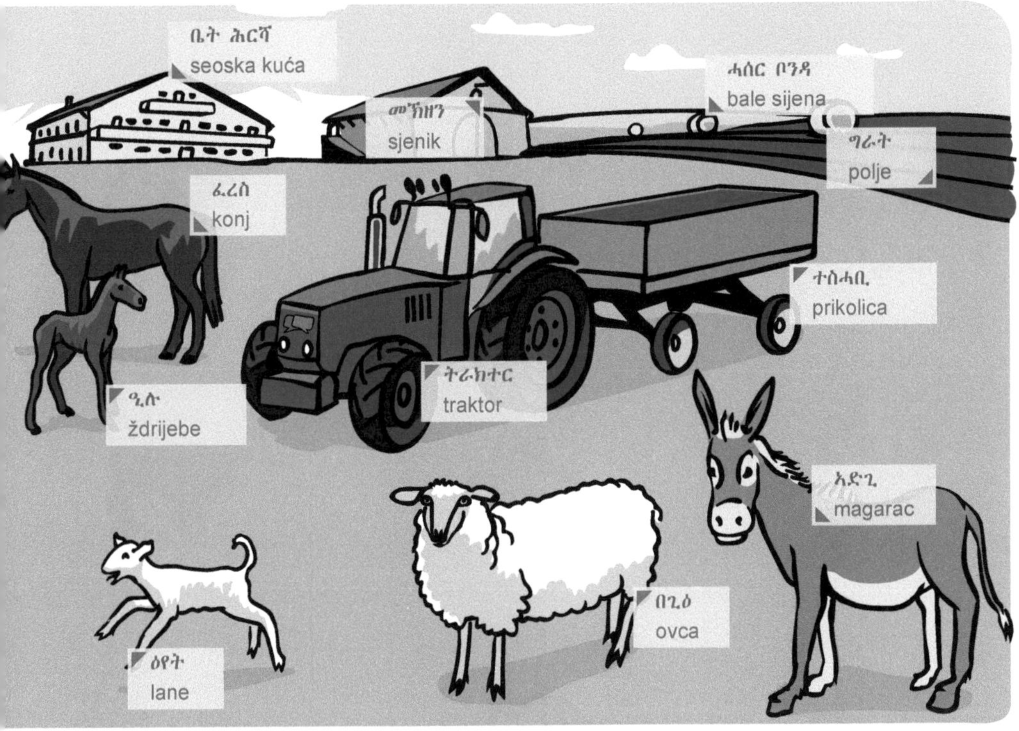
ቤት ሕርሻ
seoska kuća
ሓሰር ቦንዳ
bale sijena
መኽዘን
sjenik
ግራት
polje
ፈረስ
konj
ተስሓቢ
prikolica
ዒሉ
ždrijebe
ትራክተር
traktor
ኣድጊ
magarac
በጊዕ
ovca
ዕየት
lane

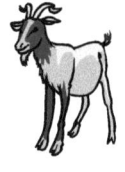

ጤል
koza

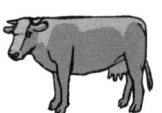

ብዕራይ
krava

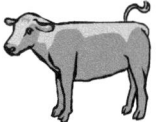

ምራኽ
tele

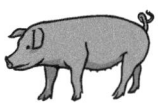

ሓሰማ
svinja

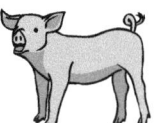

ውላድ ሓሰማ
prase

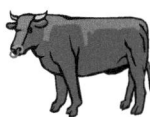

ኣርሓ
bik

ዓሳ
....
guska

ማይ ደርሆ
....
patka

ጫቚሊት
....
pilići

ደርሆ
....
kokoš

አርሓ ደርሆ
....
pijetao

አንጨዋ ዓባይ
....
pacov

ድሙ
....
mačka

አንጭዋ
....
miš

ብዕራይ
....
vol

ከልቢ
....
pas

አጉዶ ከልቢ
....
kućica za psa

ቱባ ጆርዲን
....
vrtno crijevo

መዝፈፈ ማይ
....
kanta za polijevanje

ዓቢ ማዕጺድ
....
kosa

ማሕረሻ
....
plug

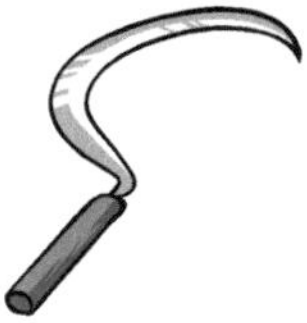

ማዕጺድ

....

srp

ጭኽሮ

....

motika

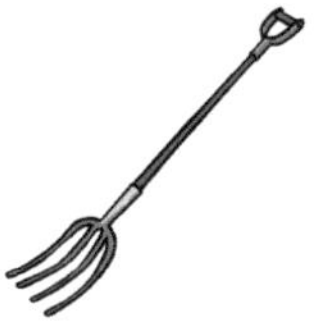

መስአ

....

vilica za gnojivo

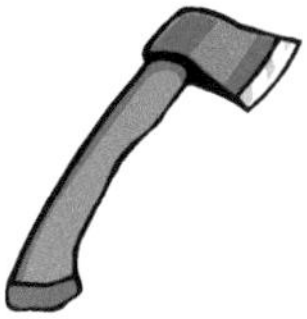

ፋስ

....

sjekira

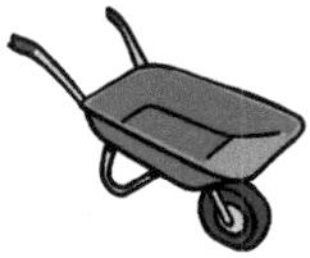

ዓረብያ ኢድ

....

tačke

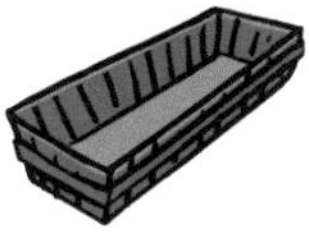

ጋብላ

....

korito

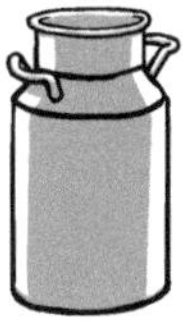

ብርጭቆ ጸባ

....

posuda za mlijeko

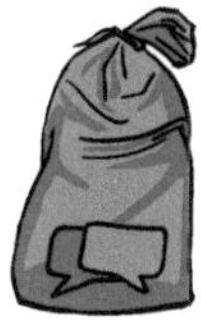

ክሻ

....

vreća

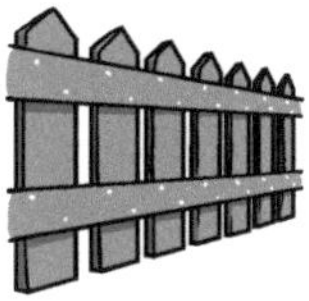

ሓጹር

....

ograda

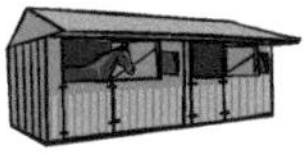

መጓሰስ

....

štala

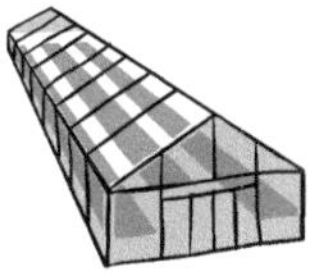

ቐጠልያ ገዛ

....

staklenik

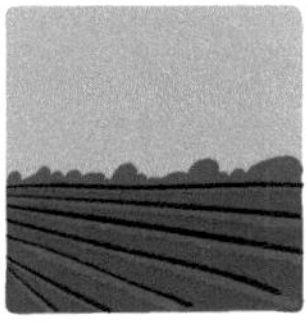

ባይታ

....

zemlja

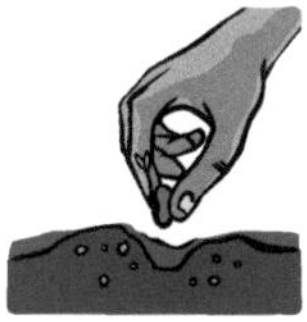

ዘርኢ

....

sjeme

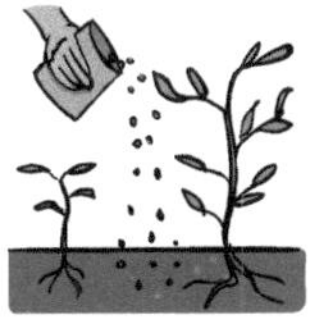

ድኹዒ

....

gnojivo

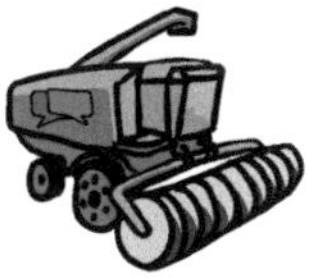

ዘጣምር ቀውዓይ

....

kombajn

ቀውዐ

žanjati

ጻማ

žetva

ድንሽ ያም

yams začin

ስርናይ

pšenica

ሶያ

soja

ድንሽ

krumpir

ዕፉን

kukuruz

ራፕስ

uljana repica

ገረብ ፍረታት

voćka

ማኒኦክ

gomolj manioke

አእኻል

žitarice

ገዛ

kuća

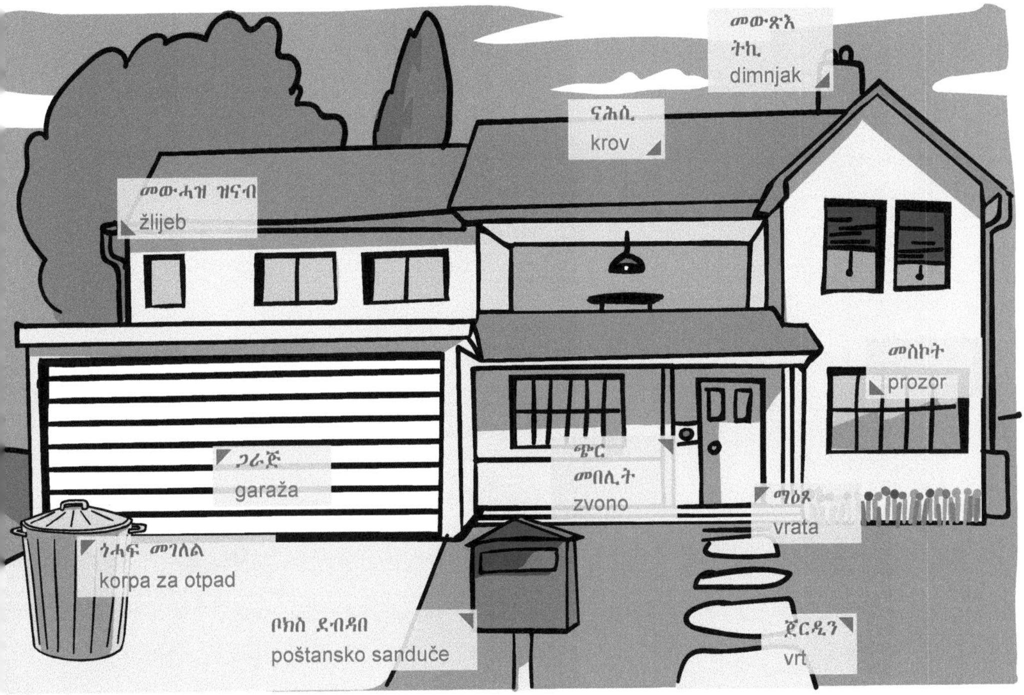

መውጽእ
ትኪ
dimnjak
ናሕሲ
krov
መውሓዝ ዝናብ
žlijeb
መስኮት
prozor
ጋራጅ
garaža
ጭር
መበሊት
zvono
ማዕጾ
vrata
ጎሓፍ መገለል
korpa za otpad
ቦክስ ደብዳበ
poštansko sanduče
ጀርዲን
vrt

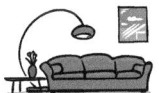

ክፍሊ ምቕማጥ

dnevna soba

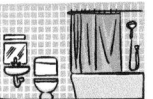

ክፍሊ ባንዮ

kupaonica

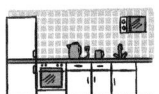

ክሽነ

kuhinja

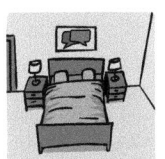

ክፍሊ መደቀሲ

spavaća soba

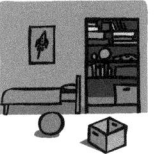

ክፍሊ ቆልዑ

dječija soba

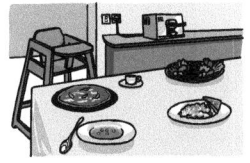

መመገቢ ክፍሊ

trpezarija

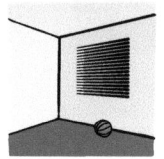

ባይታ
....
pod

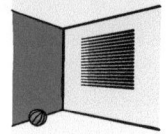

መንደቅ
....
zid

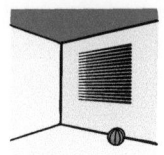

ከቦርታ
....
strop

ካንቲና
....
podrum

ሳውና
....
sauna

ባልኮን
....
balkon

ዛላ
....
terasa

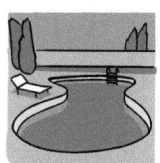

መሕምበሲ
....
bazen

መቝረጺ ሳዕሪ
....
kosilica za travu

አንሶላ ዓራት
....
posteljina za krevet

ከቦርታ ዓራት
....
deka za krevet

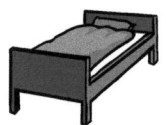

ዓራት
....
krevet

መኾስተር
....
metla

መገለል
....
kanta

መወልዒት
....
sklopka

ክፍሊ ምቕማጥ

dnevna soba

ወረቐት መንደቕ
tapeta
ስእሊ
slika
ላምፓ
svjetiljka
ክብሒ
regal
ክብሒ
ormar
ተለቪዥን
televizija
መውጽኢ ትኪ ኣብ ገዛ
kamin
ዕንባባ
cvijet
መተርኣስ
jastuk
ሳሎን
kauč
ባዞ
vaza
ሪሞት
daljinski upravljač

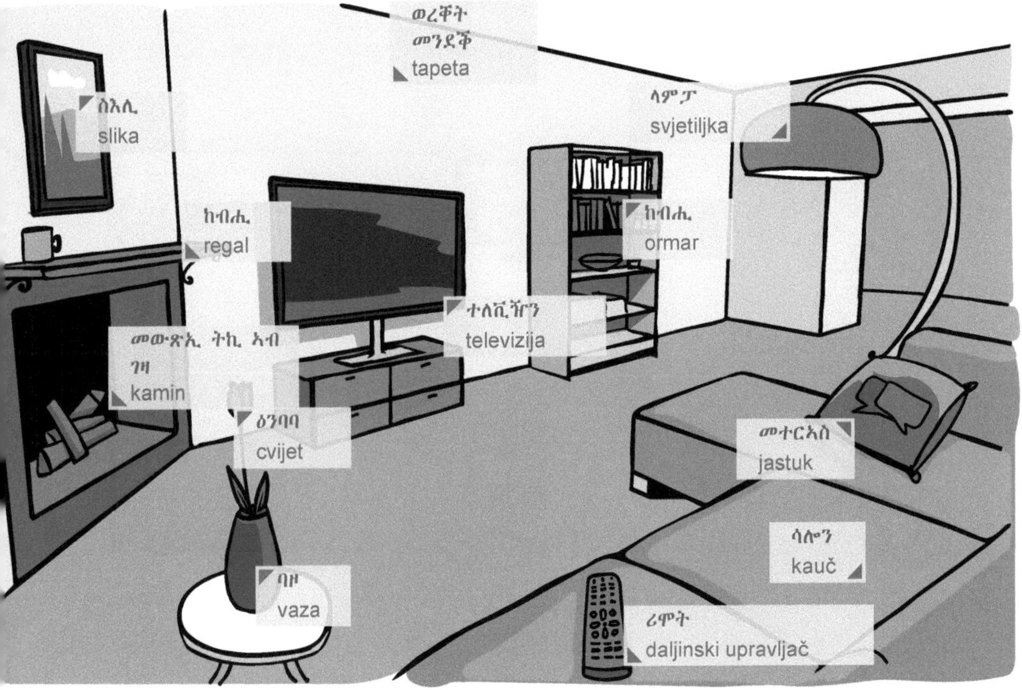

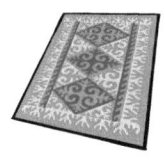

መንጸፍ

tepih

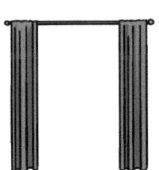

መጋረጃ

zavjesa

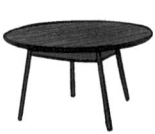

ጣውላ

stol

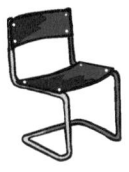

መንበር

stolica

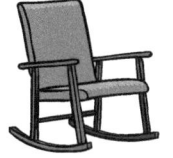

ሰለል ዝብል መንበር

stolica za njihanje

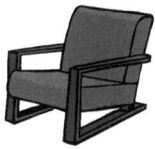

መንበር ምቹእ

fotelja

መጽሓፍ

knjiga

ከቦርታ

deka

ስልማት

dekoracija

እንጨይቲ ሓዊ

drvo za ogrjev

ፊልም

film

ስተሪዮ

stereo uređaj

መፍትሕ

ključ

ጋዜጣ

novine

ቅብአ

slika na platnu

ፖስተር

poster

ሬድዮ

radio

ጥራዝ

blok za pisanje

መልገሲ ደሮና

usisavač

በለስ

kaktus

ሽምዓ

svijeća

ክሽነ

kuhinja

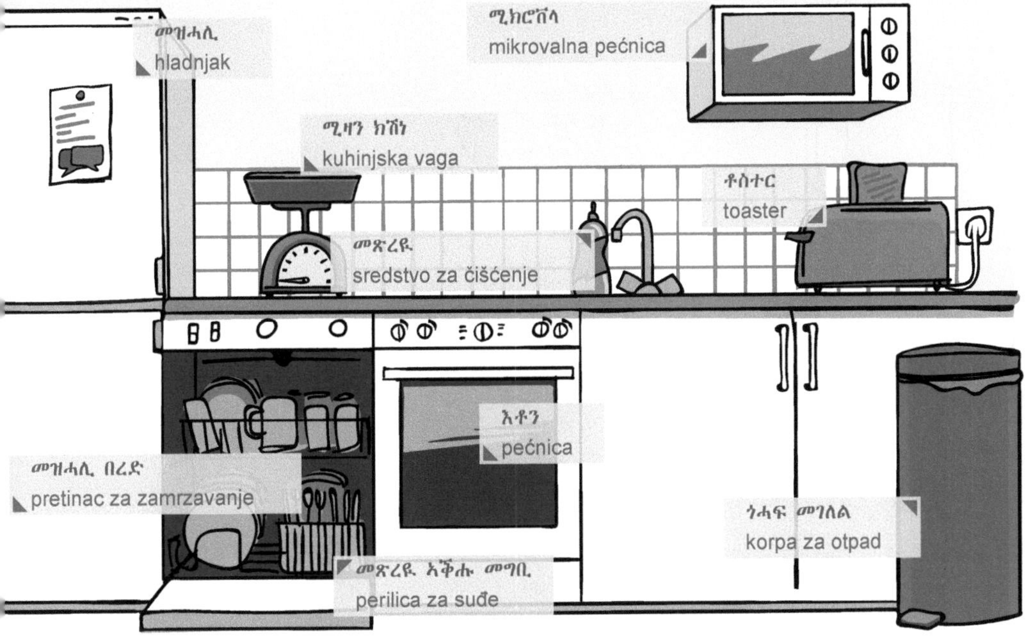
መዝሓሊ
hladnjak
ሚክሮቨላ
mikrovalna pećnica
ሚዛን ክሽነ
kuhinjska vaga
ቶስተር
toaster
መጽረዪ
sredstvo za čišćenje
እቶን
pećnica
መዝሓሊ በረድ
pretinac za zamrzavanje
ጎሓፍ መገለል
korpa za otpad
መጽረዪ ኣቕሑ መግቢ
perilica za suđe

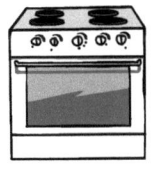

መኽሸኒ

....

štednjak

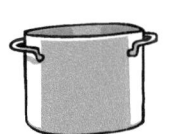

ድስቲ

....

lonac

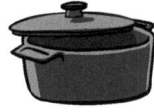

ድስቲ ሓጺን

....

željezni lonac

ቮክ/ካዳይ

....

wok / kadai

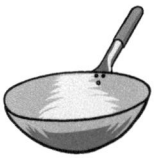

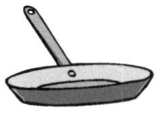

ባደላ

....

tava

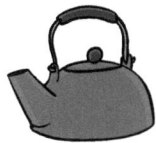

መውዓዪ ማይ

....

kuhalo za vodu

** መፍልሒ**

kuhalo na paru

ጎንቴራ ምስንካት

lim za pečenje

ኣቝሑ መግቢ

posuđe

ብርጭቆ

čaša

ጭሓሎ

zdjela

ማንካቺና

štapići za jelo

ማንካ መረቅ

kutljača

መገልበጢ ባደላ

lopatica

መኽስተር ውርጪ

pjenjača

መንፈት መግቢ

sito za kuhanje

መንፈት

sito

መፍሕፍሒ

ribež

ሞርታር

mužar

ባርቢክዩ

roštilj

ስፍራ ሓዊ

ognjište

እንጨይቲ ምምታር
daska

እንጨይቲ ኮረር
oklagija

መኽፈት ቡሽ
vadičep

ታኒካ
konzerva

መኽፈቲ ታኒካ
otvarač konzervi

ጨርቂ ድስቲ
krpa za lonac

ቡምባ
sudoper

አስባስላ
četka

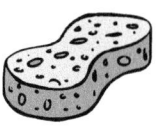

ሰፍነግ
spužva

ሓዋሲ አደባላቒ
mikser

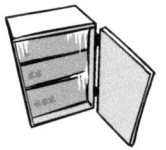

መዝሓሊ በረድ
zamrzivač

ጥርሙዝ ማማይ
bočica za bebe

ቡምባ ማይ
slavina za vodu

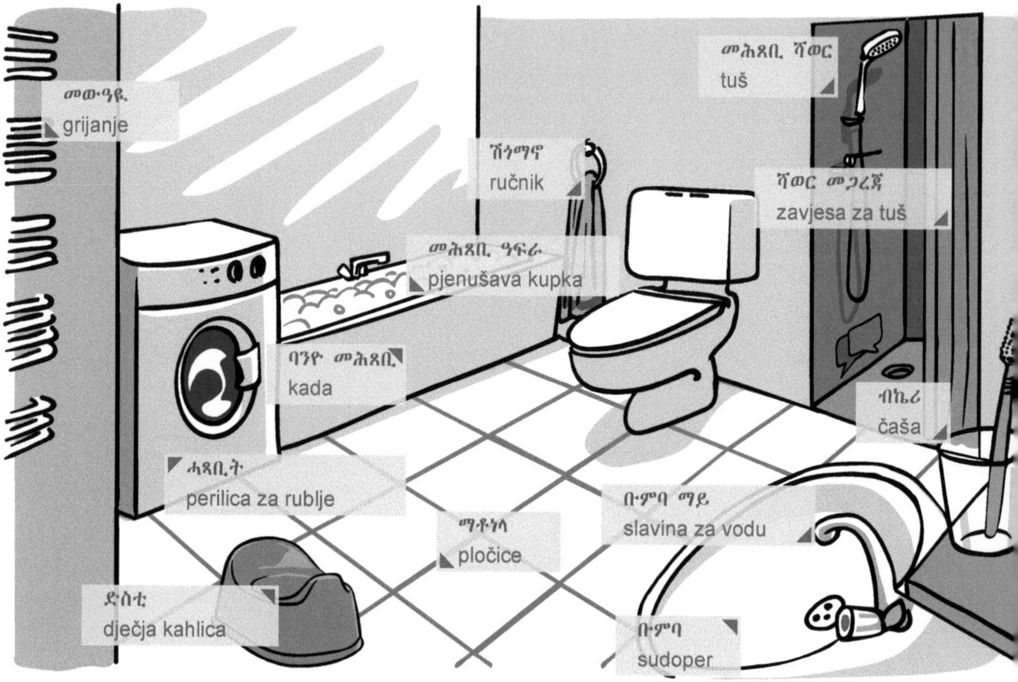

መውዓዪ
grijanje

ሽጎማኖ
ručnik

መሕጸቢ ሻወር
tuš

ሻወር መጋረጃ
zavjesa za tuš

መሕጸቢ ዓፍራ
pjenušava kupka

ባንዮ መሕጸቢ
kada

ብኬሪ
čaša

ሓጸቢት
perilica za rublje

ማቶነላ
pločice

ቡምባ ማይ
slavina za vodu

ድስቲ
dječja kahlica

ቡምባ
sudoper

ሽቓቕ
toalet

ሽቓቕ ኮፍ
čučavac

በዱ
bidet

ሽቓቕ ተባዕታይ
pisoar

ወረቐት ሽቓቕ
papir za toalet

አስባስላ ሽቓቕ
četka za toalet

አስባስላ ስኒ

četkica za zube

ክሪማ ስኒ

pasta za zube

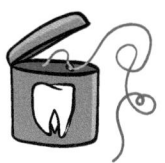

ሃሪ ስኒ

konac za zube

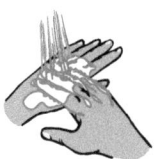

ሓጸብ

prati

ዱሽ ኢ.ድ

tuš ručica

ዱሽ

tuš za pranje intimnih dijelova

ብርጭቆ ም.ሕጸብ

lavor

አስባስላ ሕቆ

četka za pranje leđa

ሳምና

sapun

ሻወር ጀል

gel za tuširanje

ሻምፖ

šampon

ጨርቂ መሕጸቢ

krpa za pranje

መውሓዚ

odvod

ክሪማ

krema

ደዮ ጨና

dezodorans

መስትያት

ogledalo

ናይ ኢድ መስትያት

kozmetičko ogledalo

መላጸ

brijač

ዓፍራ ምጽዳይ

pjena za brijanje

ጨና ድሕሪ ምልጻይ

losion za poslije brijanja

መመሸጥ

češalj

አስባስላ

četka

መንቐጺ ጸግሪ

sušilo za kosu

ስፕረይ ጸግሪ

sprej za kosu

መመላኽዒ

makeup

ብርዒ ቀለም ከንፈር

ruž za usne

አዝማልቶ

lak za nokte

ጸምሪ ጡጥ

vata

መስደዲ ጽፍሪ

škare za nokte

ጨና

parfem

ሳንጣ መሕጸቢ.
....
neseser

ድኳ
....
stolica

ሚዛን
....
vaga

ክዳን መሕጸቢ.
....
ogrtač

ጓንቲ መጸረዪ.
....
rukavice za čišćenje

ታምፖን
....
tampon

ጨርቂ ሰበይቲ
....
uložak

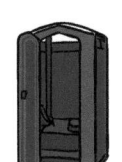

ሽቓቕ ከሚስትሪ
....
kemijski toalet

ክፍሊ ቆልዑ

dječija soba

አላርም
መተስኢ
budilnik
መጻወቲ እንስሳ
plišana igračka
መጻወቲ መኪና
auto igračka
ቤት ባምቡላ
kućica za lutke
ህያብ
poklon
ኳሕኳሕ
መበሊ
zvečka

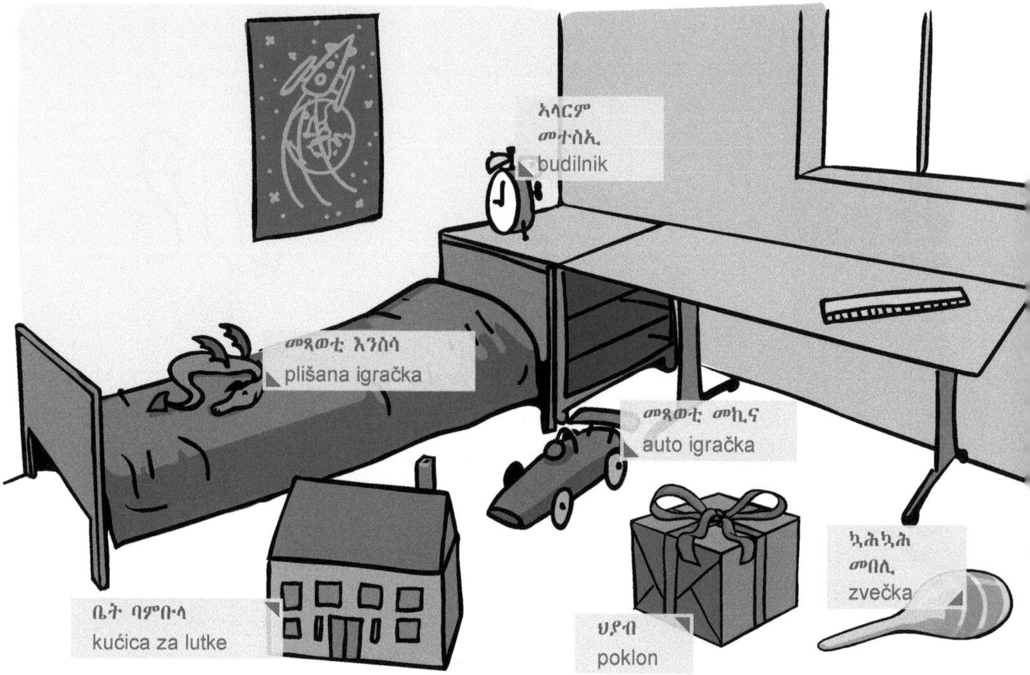

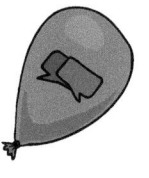

ባላንችና

balon

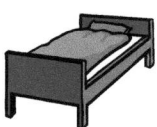

ዓራት

krevet

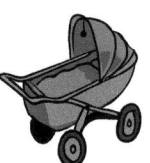

ሰረገላ ህጻን

dječija kolica

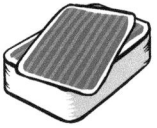

ጸወታ ካርታ

igra s kartama

ሕንቅሊተይ

slagalica

ኮሜዲ

strip

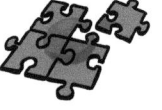

እምንታት መጸወቲ ለጎ

lego kockice

መጸወቲ እምንታት

kockice za slaganje

በዓል አክቶን

akcioni junak

ክዳን ማማይ

kombinezon za bebe

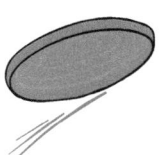

ፍሪስቢ

frizbi

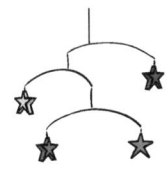

ሞባይል ማማይ

viseće igračke

ጸወታ ሰሌዳ

društvene igre

ኩቦ

kocka

ሞደል ባቡር ምድሪ

minijaturna željeznica

ዓባስ

duda

ፓርቲ

tulum

መጽሓፍ ስእሊ

slikovnica

ኩዕሶ

lopta

ባምቡላ

lutka

ተጸወተ

igrati

መጻወቲ ሑጻ

pješčanik

ሰላል

ljuljačka

መጻወቲታት

igračka

ኮንሶል ቪድዮ

konzola za igre

መጻወቲ ሰለስተ መንኮርኮር

tricikl

ተዲ

plišani medo

ከብሒ ክዳን

ormar

ካልስታት

kratke čarape

ነዊሕ ካልስታት

čarape

ስረ ካልሲ

hulahopke

ሻርባ
šal

ቁልፈ
kaiš

ጽላል
kišobran

ማልያ
t-shirt

ረፋዕ
čizme

ጫማ ገዛ
papuče

ስኒከሪስ
patike

ሸቦጥ

sandale

ጫማ

cipele

ረፋዕ ጎማ

gumene čizme

ሙታንታ

gaćice

ክዳን ጡብ

grudnjak

ትሕተ ካሚቻ

potkošulja

ቦዲ

bodi

ስረ

hlače

ጂንስ

džins

ቀምሽ

haljina

ካምቻ

bluza

ካሚቻ

košulja

ጉልፎ

džemper

ጎልፎ

pulover s kapuljačom

ጃኬት

blejzer

ጃከት

jakna

ጀባ

kaput

ክዳን ዝናብ

kabanica

ኮስቱም

kostim

ቀምሽ

haljina

ቀምሽ መርዓ

vjenčanica

ልብሲ.
odijelo

ካሚቻ ለይቲ
spavaćica

ክዳን ለይቲ
pidžama

ሳሪ
sari

መሃረብ ርእሲ.
rubac

ቱርባን
turban

ቡርካ
burka

ካፍታን
kaftan

አባያ
abaja

ክዳን መሕምበሲ.
kupaći kostim

ስረ መሕምበሲ.
kupaće gaćice

ሓጺር ስረ
kratke hlače

ክዳን ታዕሊም
odjeća za trening

በጃ ክዳን
pregača

ንንቲ
rukavice

መልጎም

gumb

መነጽር

naočale

በንናጅር

narukvica

ማዕተብ

ogrlica

ቀለበት

prsten

ኩትሻ

naušnica

ቆብዕ

kapa

መንበሪ ጁባ

vješalica

ባርኔጣ

šešir

ካራባት

kravata

ሻርኔጣ

patent zatvarač

ሀልመት

kaciga

መድልደል ስረ

naramenice

ድቢዛ ቤትትምህርቲ

školska uniforma

ድቢዛ

uniforma

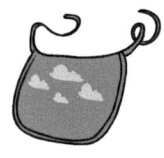

ሰደርያ ቆልዓ

podbradak

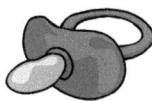

ዓባስ

duda

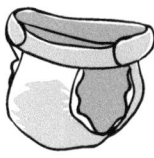

ጨርቂ ማማይ

pelena

ቤት ጽሕፈት

ured

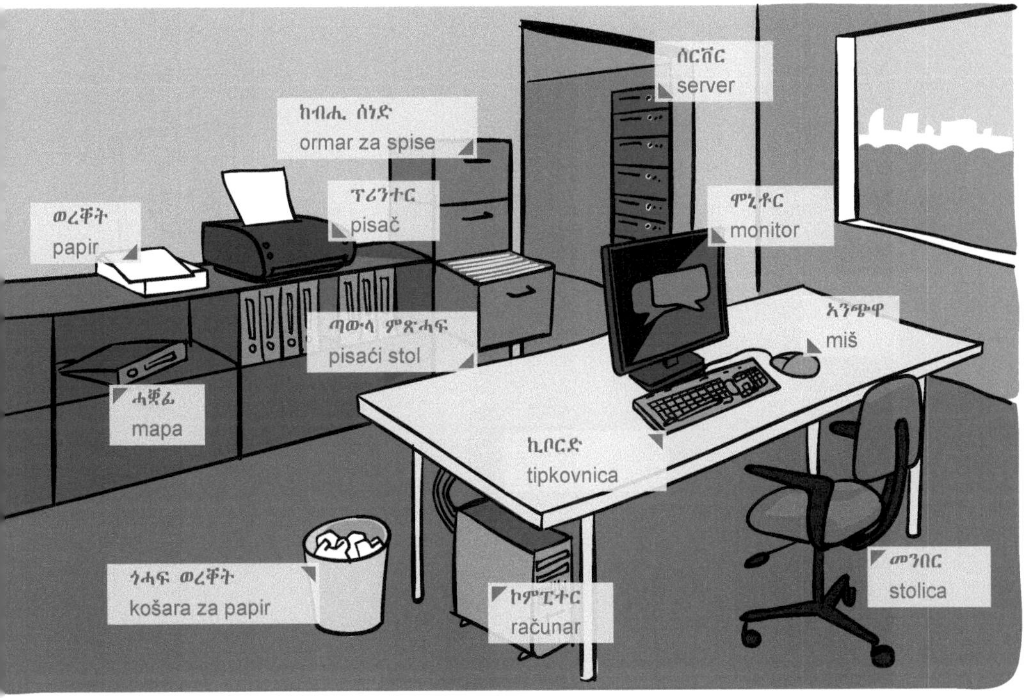
ሰርቨር
server
ከብሒ ሰነድ
ormar za spise
ፕሪንተር
pisač
ወረቐት
papir
ሞኒቶር
monitor
ኣንጭዋ
miš
ጣውላ ምጽሓፍ
pisaći stol
ሓቛፊ
mapa
ኪቦርድ
tipkovnica
ጎሓፍ ወረቐት
košara za papir
ኮምፒተር
računar
መንበር
stolica

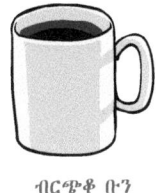

ብርጭቆ ቡን

šalica za kavu

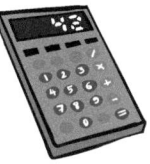

ካልኩለተር

kalkulator

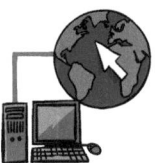

ኢንተርነት

internet

ለፕቶፕ

laptop

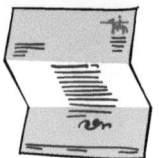

ደብዳበ

pismo

መልእኽቲ

poruka

ሞባይል

mobilni telefon

ነትወርክ/መርበብ

mreža

መቅድሒ ፎቶኮፒ

uređaj za kopiranje

ሶፍትዌር

softver

ተለፎን

telefon

ሶከት ኣረንቲ

utičnica

ፋክስ

faks

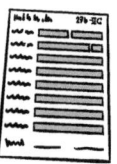

ፎርም

obrazac

ሰነድ

dokument

ገዝአ

kupovati

ከፈለ

platiti

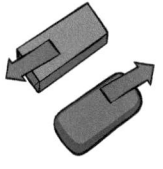

ንግዲ

trgovati

ገንዘብ

novac

ዶላር

dolar

ኦይሮ

euro

የን

jen

ሩብል

rubalj

ስዊዝ ፍራንከን

švicarski franak

ረንሚንቢ ዮዋን

renmindbi yuan

ሩፒየ

rupija

መውጽኢ ማሺን ገንዘብ

automat za novac

በታ ቅያር ገንዘብ

mjenjačnica

ወርቂ

zlato

ብሩር

srebro

ዘይቲ

nafta

ሓይሊ

energija

ዋጋ

cijena

ውዕል

ugovor

ቀረጽ

porez

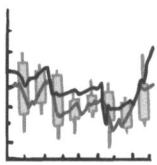

እኩብ ጥረ-ነገራት

dionica

ሰርሐ

raditi

ሰራሕተኛ

službenik

ኣስራሒ

poslodavac

ትካል

tvornica

ዱኳን

prodavaonica

ሞያታት
zanimanja

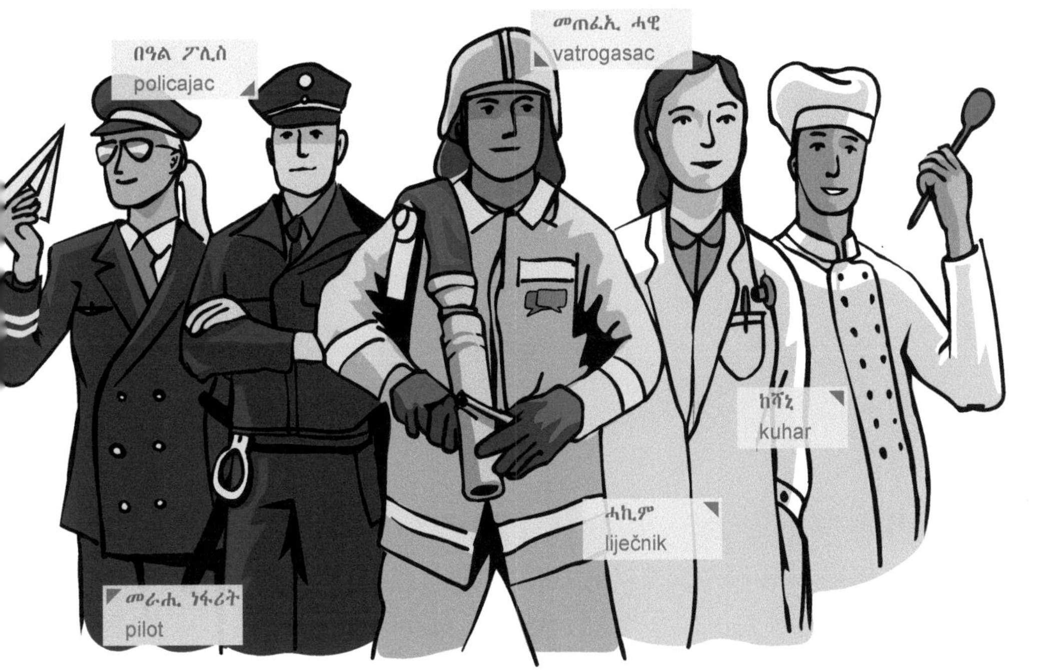
በዓል ፖሊስ
policajac
መጠፈኢ ሓዊ
vatrogasac
ከሻኒ
kuhar
ሓኪም
liječnik
መራሒ ነፋሪት
pilot

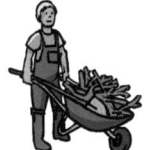

ሰራሕተኛ ጀርዲን

vrtlar

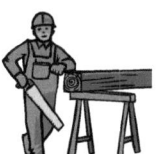

ጸራቢ ዕንጸይቲ

stolar

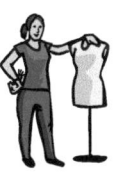

ሰፋይት

krojačica

ፈራዳይ

sudija

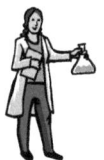

ቀማሚ

kemičar

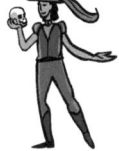

ተዋሳኢ

glumac

መራሒ አዉቶቡስ

vozač autobusa

አዉቲስታ ታክሲ

vozač taksija

ገፋፊ ዓሳ

ribar

ጸራጊት

čistačica

ሃናጺይ ናሕሲ

krovopokrivač

አሰላፊ

konobar

ሃዳናይ

lovac

ሰአላይ

slikar

እንዳ ሕብስቲ

pekar

ኤለትሪከኛ

električar

ሃናጺ አባይቲ

građevinski radnik

ሃንዳሲ

inženjer

ሰራሕተኛ እንዳ ስጋ

mesar

ድራብሊኮ

limar

አማላላሲ ፖስጣ

poštar

ወተሃደር
....
vojnik

መሃንድስ
....
arhitekta

ተሓዝ ገንዘብ
....
blagajnik

ሰራሕተኛ ዕምባባ
....
cvjećar

ቀምቃማይ
....
frizer

ፈተሪኖ
....
kondukter

መካኒክ
....
mehaničar

መራሒ መርከብ
....
kapetan

ሓኪም ስኒ
....
zubar

ተመራማሪ
....
znanstvenik

ራቢ
....
rabi

ኢማም
....
imam

ፈላሲ
....
monah

ቀሺ
....
svećenik

alati

ሞደሻ
čekić

ጉጤት
kliješta

ዘዋር መስኒ
odvijač

ላምፓዲና
džepna svjetiljka

መፍትሕ
ključ za vijke

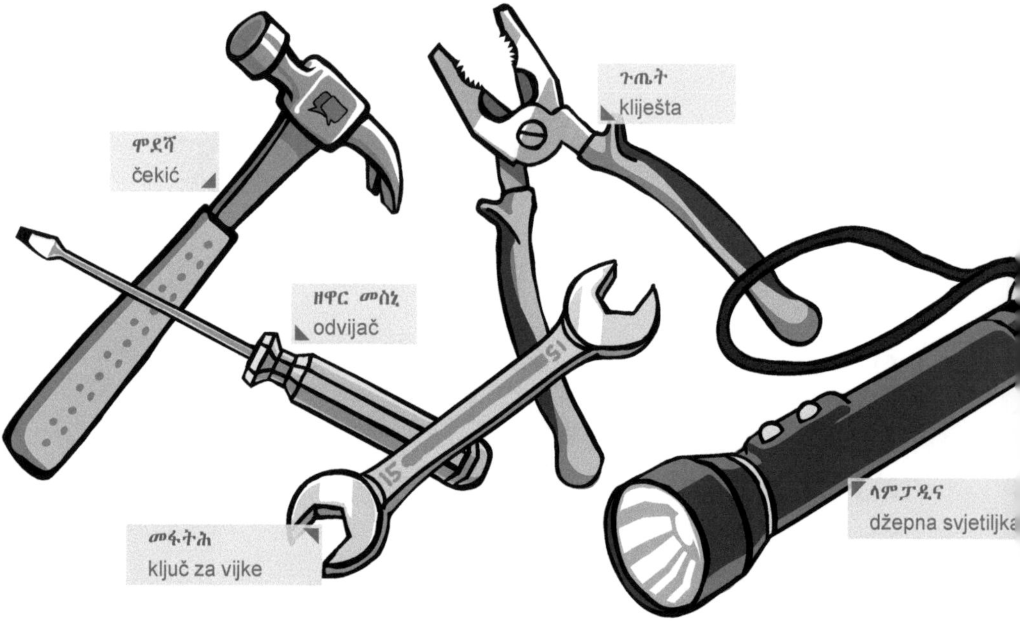

ፈሓሪ
rovokopač

ናውቲ ቦክስ
kutija za alat

መደያይቦ
ljestve

መጋዝ
pila

መስማር
ekser

ኲዓቲ
bušilica

ምዕራይ
....
popraviti

ባደላ
....
lopata

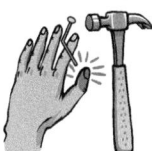

አይ!
....
Sranje!

መትሓዚ ዶሮና
....
lopatica

ድስቲ ቀለም
....
lonac za boju

ካቻቢተ
....
vijci

መሳርሒ ሙዚቃ

glazbeni instrument

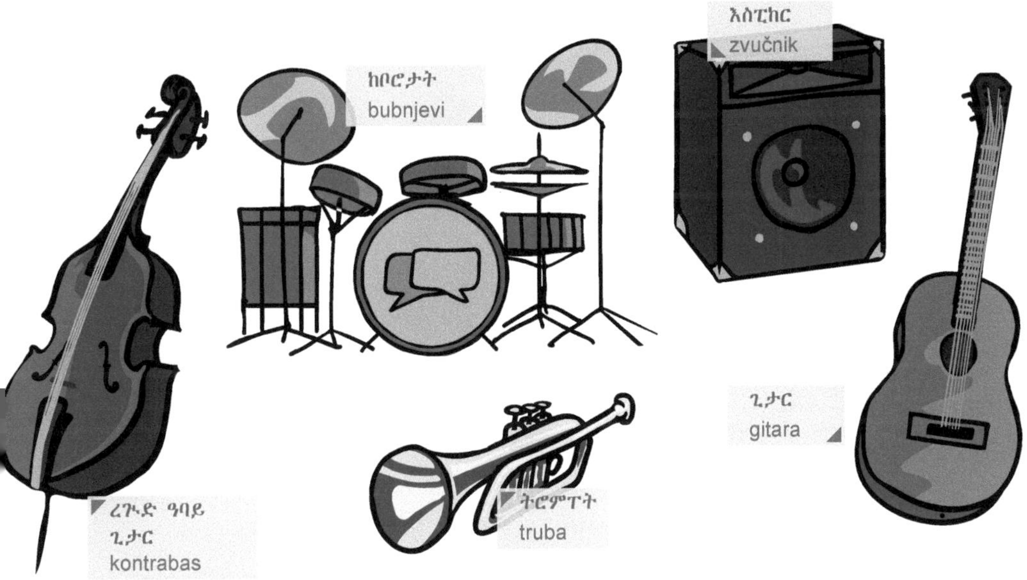

እስፒከር
zvučnik

ከበሮታት
bubnjevi

ጊታር
gitara

ረጕድ ዓባይ
ጊታር
kontrabas

ትሮምፐት
truba

ፒያኖ

klavir

ቪዮሊን

violina

ባስ ጊታር

bas

ቲምንኢ

timpani

ከቦሮ

udaraljke za bubnjeve

ኦርጋን

keyboard

ሳክሶፎን

saksofon

ሻምብቆ

flauta

ሚክሮፎን

mikrofon

መካነ እንስሳታት

zoološki vrt

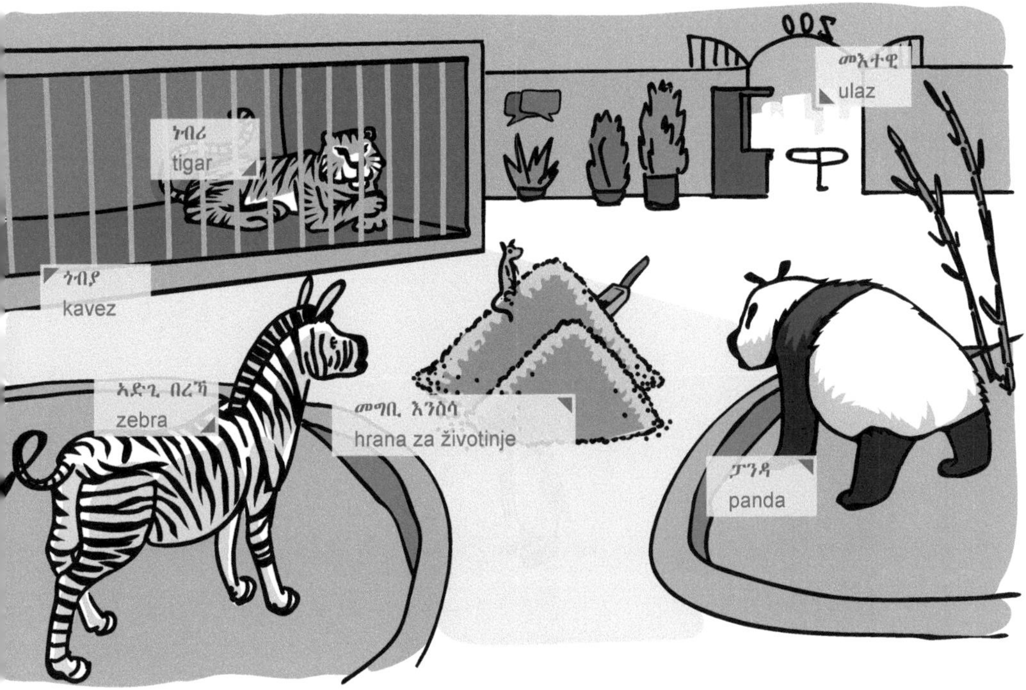

ነብሪ
tigar
መእተዊ
ulaz
ጎብያ
kavez
ኣድጊ በረኻ
zebra
መግቢ እንስሳ
hrana za životinje
ፓንዳ
panda

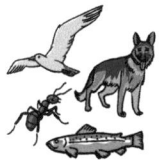

እንስሳታት

životinje

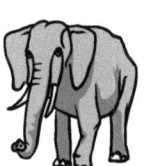

ሓርማዝ

slon

ካንጋሩ

kengur

ሓሪሽ

nosorog

ጉሪላ

gorila

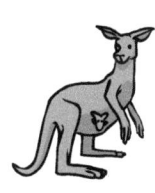

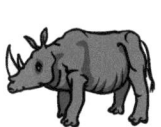

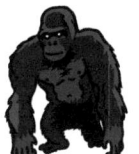

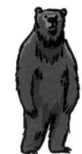

ድቢ

medvjed

ገመል
....
kamila

ሰገን
....
noj

አንበሳ
....
lav

ህበይ
....
majmun

ፍላሚንጎ
....
flamingo

ሕንጻይ
....
papagaj

ድቢ በረድ
....
polarni medvjed

ፐንጉን
....
pingvin

ከልቢ ዓሳ
....
ajkula

ጣውስ
....
paun

ተመን
....
zmija

ሓርገጽ
....
krokodil

ሓላዊ ቤት ገርድሽ
....
čuvar u zoološkom vrtu

ዓሳ ዚምገብ እንስሳ ባሕሪ
....
tuljan

ጃጓር
....
jaguar

ሓጹር ፈረስ
....
poni

ነብሪ
....
leopard

ጉማሬ
....
nilski konj

ጂራፍ
....
žirafa

ሲላ
....
orao

መፍለስ
....
divlja svinja

ዓሳ
....
riba

ጎብየ
....
kornjača

ዋልሩስ
....
morž

ወኸርያ
....
lisica

ሰስሓ
....
gazela

ናይ አሜሪካ ኩዕሶ እግሪ
američki nogomet

ምዝዋር ብሽግለታ
biciklizam

ተኒስ
tenis

ባስከትባል
košarka

ምሕምባስ
plivanje

ቦክሲንግ
boks

ሆኪ በረድ
hockey na ledu

ኩዕሶ እግሪ
....
nogomet

ባድሚንቶን
....
badminton

እስፖርታዊ ንጥፈታት
....
atletika

ኩዕሶ ኢድ
....
rukomet

ስኪ
....
skijanje

ፖሎ
....
polo

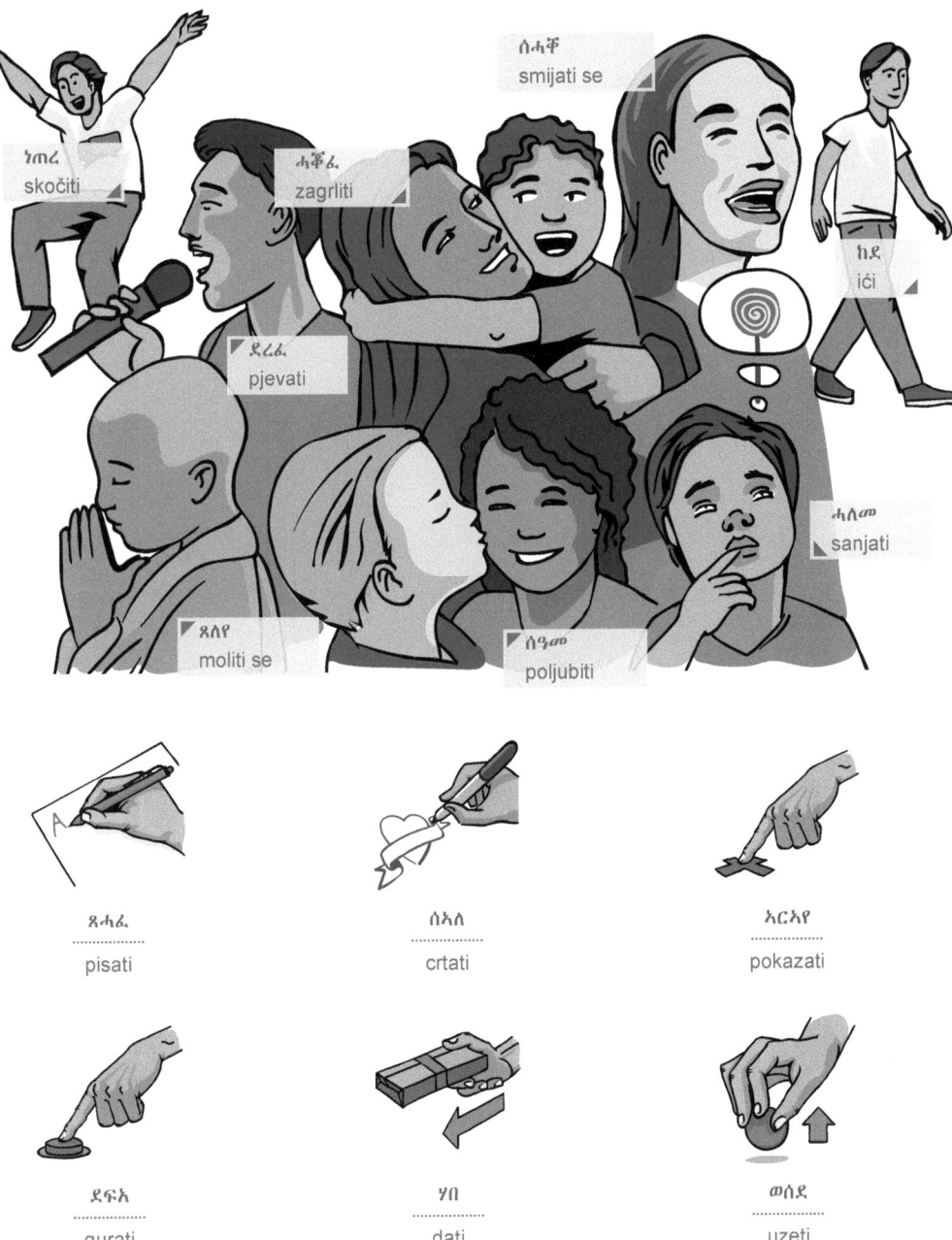

ሰሓቕ
smijati se

ነጠረ
skočiti

ሓቆፈ
zagrliti

ከደ
ići

ደረፈ
pjevati

ሓለመ
sanjati

ጸለየ
moliti se

ሰዓመ
poljubiti

ጸሓፈ
....
pisati

ሰአለ
....
crtati

ኣርአየ
....
pokazati

ደፍአ
....
gurati

ሃበ
....
dati

ወሰደ
....
uzeti

አለመ
imati

ገበረ
činiti

ኮነ
biti

ጠጠው በለ
stojati

ጎየየ
trčati

ሰሓበ
povlačiti

ሰንደወ
baciti

ወደቐ
padati

ሓሰወ
ležati

ተጸበየ
čekati

ሰከም
nositi

ኮፍ በለ
sjediti

ተኸድነ
oblačiti

ደቀሰ
spavati

ተስአ
probuditi se

ንጥፈታት - aktivnosti

ረአየ

gledati

በኽየ

plakati

ብኣጻብዑ ደረዘ

milovati

መሸጠ

češljati

ተዛረበ

govoriti

ተረድአ

razumjeti

ሓተተ

pitati

ሰምዐ

slušati

ሰተየ

piti

በልዐ

jesti

ኣቐመጠ

pospremiti

ኣፍቀረ

voljeti

ከሸነ

kuhati

ዘወረ

voziti

ነፈረ

letjeti

ብመርክብ ገየሸ
ploviti

ደመረ
računati

አንበበ
čitati

ተመሃረ
učiti

ሰርሐ
raditi

መርዓወ
vjenčati se

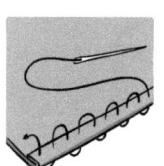

ሰፈየ
šiti

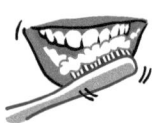

ጽሬት አስናን
prati zube

ቀተለ
ubiti

ሽጋራ ተከኸ
pušiti

ሰደደ
poslati

ንጥፈታት - aktivnosti

ዓባየ
baka

አቦሓጎ
djed

አቦ
otac

እደ
majka

ማማይ
beba

ጓል
kćerka

ወዲ
sin

ጋሻ

gost

ሓትኖ

tetka

አኮ

ujak, stric

ሓው

brat

ሓፍቲ

sestra

ኣካላት

tijelo

ግንባር
čelo
ዓይኒ
oko
መንኩብ
rame
ኣጻብዕ
prst
ገጽ
lice
መንክስ
brada
ኢድ
ruka
ኣፍ-ልቢ
grudi
ሽፋን እግሪ
noga
ምናት
ruka

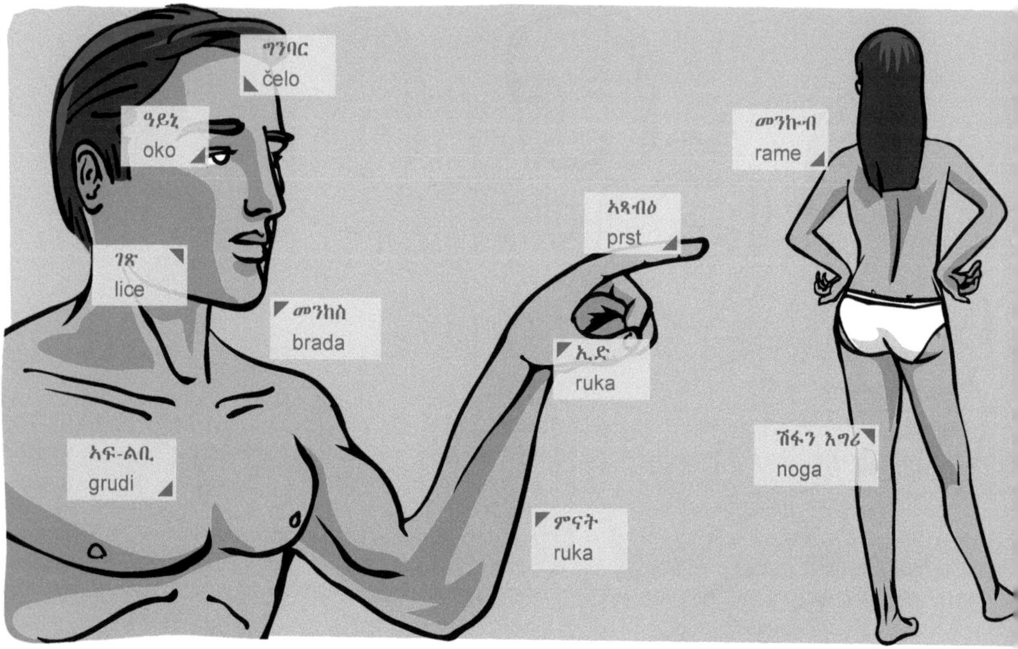

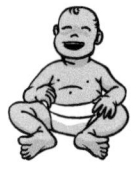

ማማይ

beba

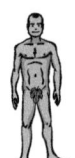

ሰብኣይ

muškarac

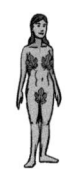

ሰበይቲ

žena

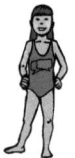

ጓል

djevojčica

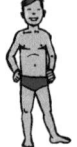

ወዲ

dječak

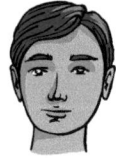

ርእሲ

glava

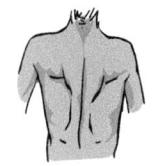

ሕቖ
leđa

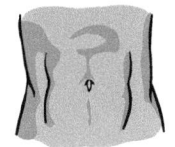

ከስዐ
trbuh

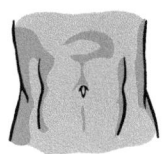

ሕምብርቲ
pupak

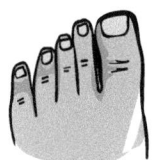

አጻብዕ እግሪ
nožni prst

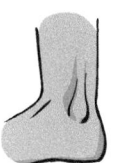

ኩርኵረ
peta

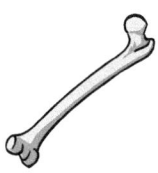

ዓጽሚ
kost

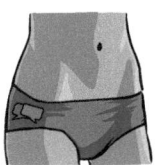

ምሕኮልቲ
kuk

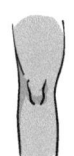

ብርኪ
koljeno

ፍግፍጎ
lakat

አፍንጫ
nos

መዓኮር
stražnjica

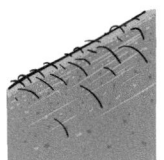

ቆርበት
koža

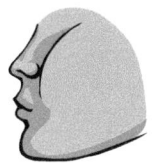

ምዕጉርቲ
obraz

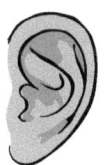

እዝኒ
uho

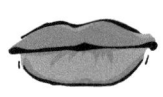

ከንፈር
usna

አፍ

usta

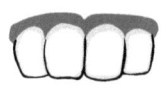

ስኒ

zub

መልሓስ

jezik

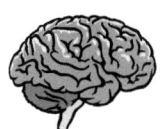

ሓንጎል

mozak

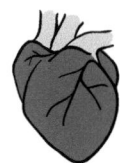

ልቢ

srce

ጭዋዳ

mišić

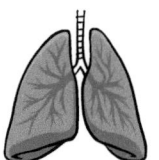

ሳንቡእ

pluća

ጸላም ከብዲ

jetra

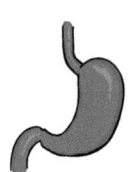

ከብዲ

želudac

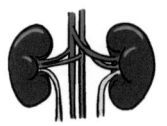

ኮሊት

bubrezi

ግብረ ስጋ

snošaj

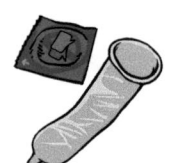

ኮንዶም

kondom

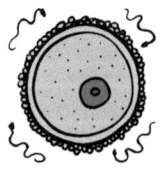

እንቋቝሓ

jajna stanica

ዘርኢ ተባዕታይ

sperma

ጥንሲ

trudnoća

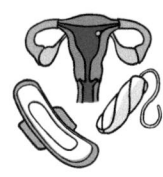

ጽግያት
menstruacija

ርሕሚ
vagina

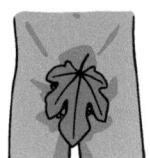

መትሎ
penis

ሸፋሽፍቲ
obrva

ጸግሪ
kosa

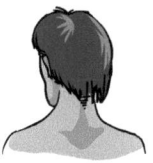

ክሳድ
vrat

ሆስፒታል
bolnica

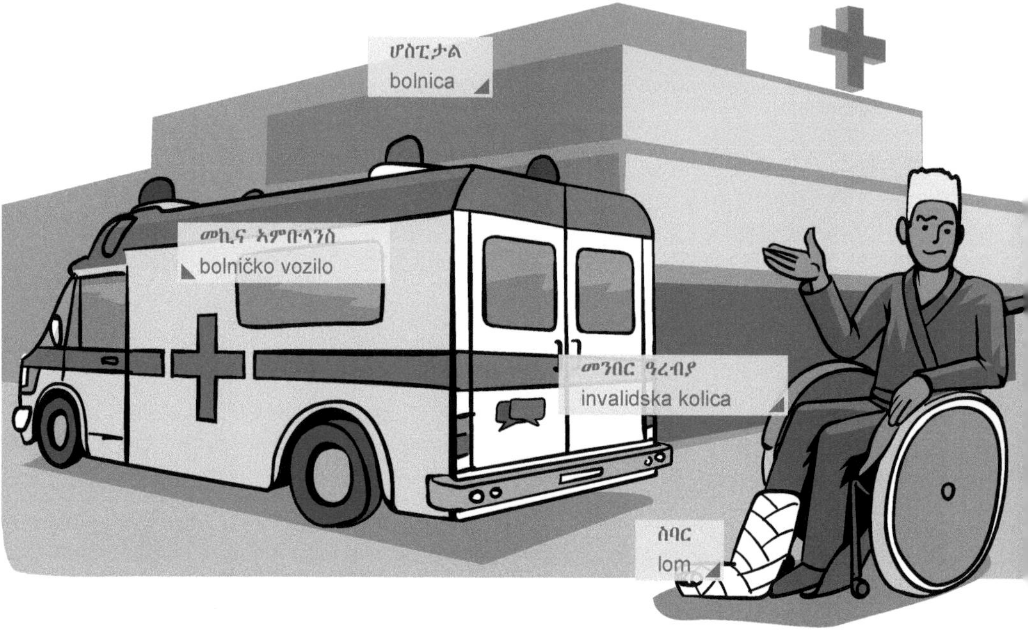

መኪና አምቡላንስ
bolničko vozilo

መንበር ዓረብያ
invalidska kolica

ስባር
lom

ሓኪም

liječnik

ክፍሊ ህጹጽ ረድኤት

hitna medicinska služba

አላይት

medicinska sestra

ህጹጽ ኩነት

hitni slučaj

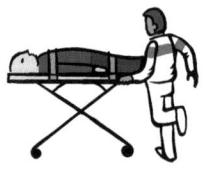

ውነኡ ዘጥፍአ

nesvijest

ቃንዛ

bol

ጉድኣት
ozljeda

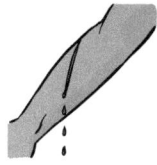

ደም
krvarenje

ማህረምቲ
srćani infarkt

ማህረምቲ
moždani udar

ኣለርጂ
alergija

ሰዓል
kašalj

ረስኒ
groznica

ኡንፍልወንዛ
gripa

ውጽኣት
proljev

ቃንዛ ርእሲ
glavobolja

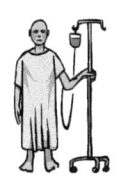

መንሽሮ
rak

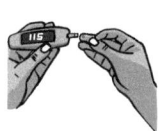

ሹኮርያ
dijabetes

ሓኪም መጥባሕቲ
kirurg

መጥብሒ
skalpel

መጥባሕቲ
operacija

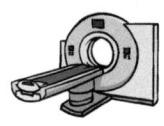

CT

ct

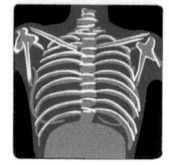

ራጄ

rentgen

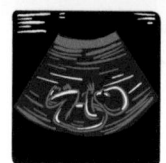

ልዕለ ድምጻዊ

ultrazvuk

መሸፈኒ ገጽ

maska

ሕማም

bolest

ክፍሊ ምጽባይ

čekaonica

ምርኩስ

štaka

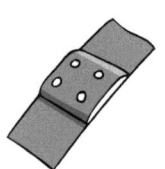

መጀነኒ ቐስሊ

flaster

መጀነኒ

zavoj

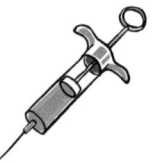

መርፍዕ ምውጋእ

injekcija

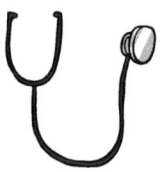

ስተቶስኮፕ

stetoskop

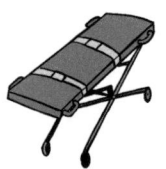

መሰከሚ ሕማም

nosilo

ቴርሞመተር

termometar

ትውልዲ

rođenje

ልዕለ-ሚዛን

prekomjerna težina

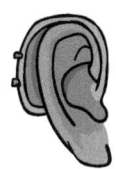

ሓገዝ ምስማዕ

slušni aparat

ኣንጻሂ

sredstvo za dezinfekciju

ልበዳ

infekcija

ቫይረስ

virus

ኤድስ

hiv / sida

ሕክምና

medicina

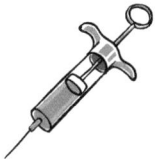

ክታበ

vakcinacija

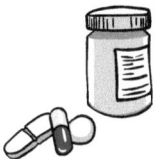

ክኒና

tablete

ክኒና

pilula

ህጹጽ ምድዋል

poziv u pomoć

መዕቀኒ ጸቕጢ ደም

uređaj za mjerenje tlaka

ሕሙም / ጥዑይ

bolesno / zdravo

ሓገዝ
pomoć!

ኣላርም
alarm

ምህጃም
nasrtaj

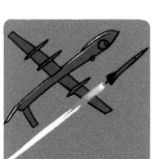

መጥቃዕቲ
napad

ድንገት
opasnost

ህጹጽ መውጽኢ
izlaz za nuždu

ሓዊ!
požar!

መጥፍኢ ሓዊ
vatrogasni aparat

ሓደጋ
nezgoda

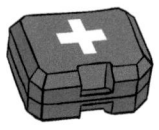

ሳንጣ ቀዳማይ ረድኤት
kofer prve pomoći

SOS
sos

ፖሊስ
policija

ኤውሮጳ

Europa

ሰሜን አመሪካ

sjeverna amerika

ደቡብ አመሪካ

južna amerika

አፍሪቃ

Afrika

ኤስያ

Azija

አውስትራልያ

Australija

አትላንቲክ

Atlantik

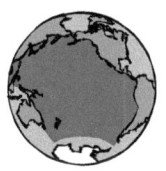

ፓሲፊክ

Pacifik

ህንዳዊ ዉቅያኖስ

ocean

አንታርቲካዊ ዉቅያኖስ

antarktički ocean

አርክቲካዊ ዉቅያኖስ

arktički ocean

ሰሜናዊ ዋልታ

sjeverni pol

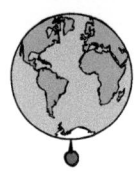

ደቡባዊ ዋልታ
....
južni pol

አንታርቲካ
....
Antarktik

ምድሪ
....
zemlja

መሬት
....
zemlja

ባሕሪ
....
more

ደሴት
....
otok

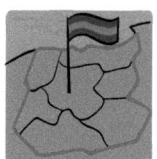

ሃገር
....
nacija

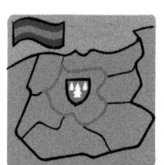

ዓዲ
....
država

ምድሪ - zemlja

ገጽ ሰዓት

brojčanik sata

አመልካቺ ሰዓታት

satna kazaljka

አመልካቺ ደቃይቛ

minutna kazaljka

አመልካቺ ካልኢት

sekundna kazaljka

ሰዓት ክንደይ አሎ?

Koliko je sati?

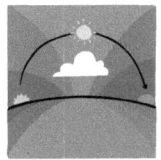

መዓልቲ

dan

ግዜ

vrijeme

ሕጂ

sada

ዲጊታል ሰዓት

digitalni sat

ደቒቛ

minuta

ሰዓት

sat

tjedan

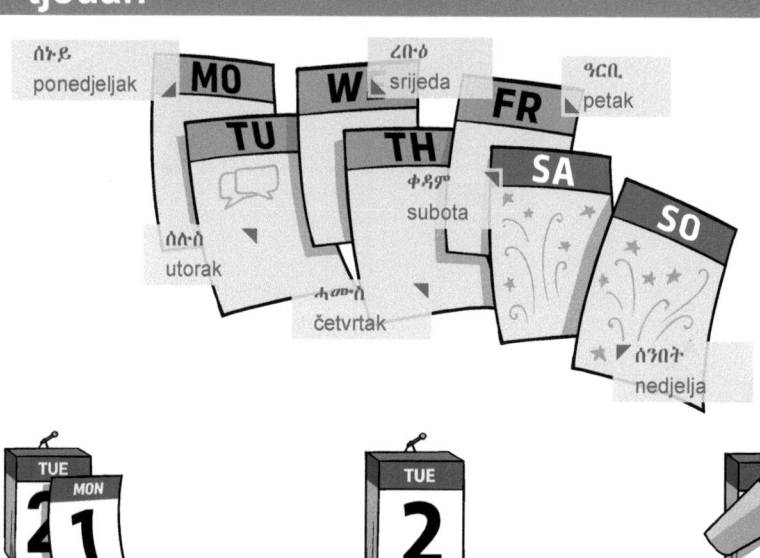

ሰኑይ
ponedjeljak

MO

TU

ሰሉስ
utorak

W
srijeda

ረቡዕ

TH

ቀዳም
subota

ሓሙስ
četvrtak

FR
petak

ዓርቢ

SA

SO

ሰንበት
nedjelja

ትማሊ
....
jučer

ሎሚ
....
danas

ጽባሕ
....
sutra

ንጎሆ
....
jutro

ቀትሪ
....
podne

ምሸት
....
večer

MO	TU	WE	TH	FR	SA	SU
1	2	3	4	5	6	7
8	9	10	11	12	13	14
15	16	17	18	19	20	21
22	23	24	25	26	27	28
29	30	31	1	2	3	4

መዓልታት ስራሕ
....
radni dani

MO	TU	WE	TH	FR	SA	SU
1	2	3	4	5	6	7
8	9	10	11	12	13	14
15	16	17	18	19	20	21
22	23	24	25	26	27	28
29	30	31	1	2	3	4

መወዳእታ ሰሙን
....
vikend

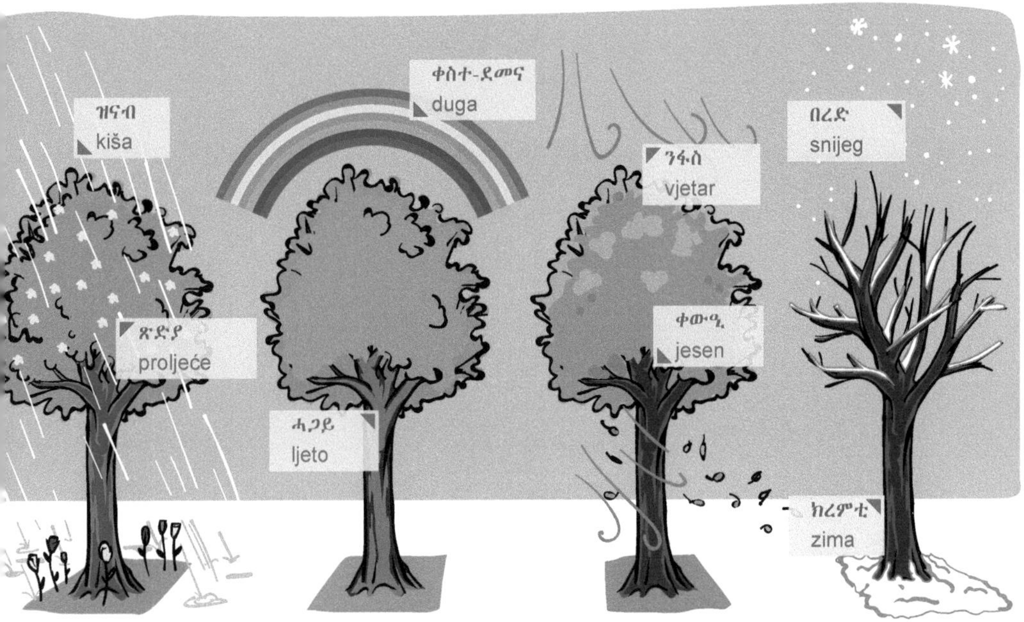

ዝናብ
kiša
ቀስተ-ደመና
duga
ንፋስ
vjetar
በረድ
snijeg
ጽድያ
proljeće
ሓጋይ
ljeto
ቀውዒ
jesen
ክረምቲ
zima

4.APRIL 11°
5.APRIL 4°
6.APRIL 13°
7.APRIL 8°
8.APRIL 10°

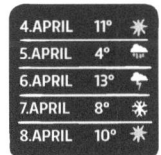

ትንቢት ኩነታት ኣየር

meteorološka prognoza

F C
120 90 60 30 0 -30
40 30 20 10 0 -10 -20

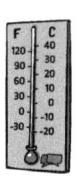

ቴርሞመተር

termometar

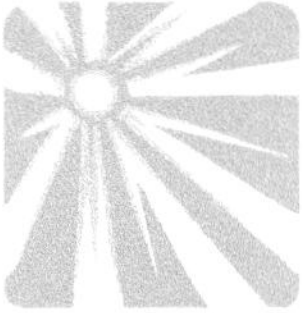

ብርሃን ጸሓይ

sunčana svjetlost

ደበና

oblak

ግመ

magla

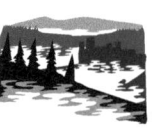

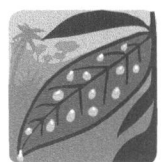

ጠሊ

vlažnost zraka

ብርቂ

munja

ነጐዳ

grmljavina

ህቦብላ

oluja

በረድ

tuča

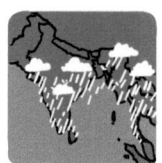

ብርቱዕ ህቦብላ

monsun

ውሕጅ

poplava

በረድ

led

ጥሪ

siječanj

ለካቲት

veljača

መጋቢት

ožujak

ሚያዝያ

travanj

ጉንበት

svibanj

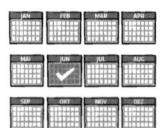

ሰነ

lipanj

ሓምለ

srpanj

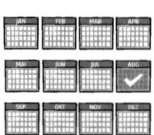

ነሓሰ

kolovoz

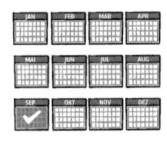

መስከረም
....
rujan

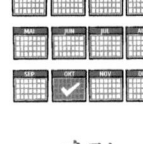

ጥቅምቲ
....
listopad

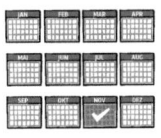

ሕዳር
....
studeni

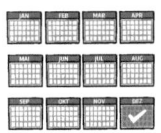

ታሕሳስ
....
prosinac

ቅርጽታት

oblici

ዙርያ
....
krug

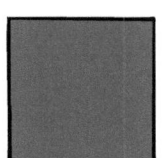

ትርብዒት
....
kvadrat

ቅኑዕ ርቡዕ ኵርናዕ
....
pravokutnik

ስሉስ ኵርናዕ
....
trokut

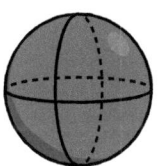

ክቢ
....
kugla

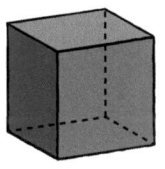

ኩቦ
....
kocka

ጻዕዳ
....
bijela

ብጫ
....
žuta

ኣራንሺ
....
narančasta

ፒንክ
....
ružičasta

ቀይሕ
....
crvena

ጁኽ
....
ljubičasta

ሰማያዊ
....
plava

ቀጠልያ
....
zelena

ቡናዊ
....
smeđa

ሓሙኽሽታይ
....
siva

ጸሊም
....
crna

suprotnosti

ብዙሕ / ውሑድ

mnogo / malo

ሕሩቕ / ሰላማዊ

ljutito / mirno

ጽቡቕ / ክፉእ

lijepo / ružno

መጀመርያ / መወዳእታ

početak / kraj

ዓቢ / ንእሽቶ

veliko / maleno

ብሩህ / ጸልማት

svijetlo / tamno

ሓው / ሓፍት

brat / sestra

ጽሩይ / ርሳሕ

čisto / prljavo

ምሉእ / ዘይምሉእ

potpuno / nepotpuno

መዓልቲ / ለይቲ

dan / noć

ሙዉት / ህልው

mrtvo / živo

ሰፊሕ / ጸቢብ

široko / usko

ደስ ዘበል / ደስ ዘይብል

jestivo / nejestivo

እኩይ / ህያዋይ

zlo / dobro

ርቡጽ / ስልኩይ

uzbuđeno / dosadno

ረጊድ / ቀጢን

debelo / mršavo

ቀዳማይ / ናይ መወዳእታ

na početku / na kraju

ዓርኪ / ጸላኢ

prijatelj / neprijatelj

ምሉእ / ባዶ

puno / prazno

ተሪር / ልስሉስ

tvrdo / mekano

ከቢድ / ፈኩስ

teško / lagano

ጥምየት / ጽምየት

glad / žeđ

ሕሙም / ጥዑይ

bolesno / zdravo

ዘይሕጋዊ / ሕጋዊ

ilegalno / legalno

መስተውዓሊ / ስዲ

pametno / glupo

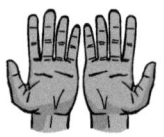

ጸጋም / የማን

lijevo / desno

ቐረባ / ርሑቕ

blizu / daleko

ሓዲሽ / ብሉይ
....
novo / rabljeno

ዋላ ሓደ / ገለ
....
ništa / nešto

ዓቢ/ኣረጊት / መንእሰይ
....
staro / mlado

ወልዕ / ኣጥፍእ
....
uključeno / isključeno

ክፉት / ዕጹው
....
otvoreno / zatvoreno

ህዱእ / ዓው
....
tiho / glasno

ሃብታም / ድኻ
....
bogato / siromašno

ቅኑዕ / ግጉይ
....
točno / pogrešno

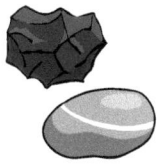

ሓርፋፍ / ልሙጽ
....
hrapavo / glatko

ጉሁይ / ሕጉስ
....
tužno / sretno

ሓጺር / ነዊሕ
....
kratko / dugo

ቀስ / ቅልጡፍ
....
polako / brzo

ጥሉል / ንቑጽ
....
mokro / suho

ምዉቕ / ዝሑል
....
toplo / hladno

ውግእ / ሰላም
....
rat / mir

0

ዜሮ

nula

1

ሓደ

jedan

2

ክልተ

dva

3

ሰለስተ

tri

4

አርባዕተ

četiri

5

ሓሙሽተ

pet

6

ሽዱሽተ

šest

7

ሸውዓተ

sedam

8

ሸሞንተ

osam

9

ትሽዓተ

devet

10

ዓሰርተ

deset

11

ዓሰርተ ሓደ

jedanaest

12

ዓሰርተ ክልተ

dvanaest

13

ዓሰርተ ሰለስተ

trinaest

14

ዓሰርተ አርባዕተ

četrnaest

15

ዓሰርተ ሓሙሽተ

petnaest

16

ዓሰርተ ሽዱሽተ

šestnaest

17

ዓሰርተ ሸውዓተ

sedamnaest

18

ዓሰርተ ሸሞንተ

osamnaest

19

ዓሰርተ ትሽዓተ

devetnaest

20

ዕስራ

dvadeset

100

ሚእቲ

stotinu

1.000

ሽሕ

tisuću

1.000.000

ሚልዮን

milijun

እንግሊዝኛ

engleski

አመሪካዊ እንግሊዛዊ

američko engleski

ቻይናዊ ማንዳሪን

kinesko mandarinski

ሂንዳዊ

hindi

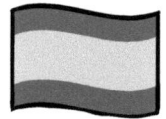

እስጳኛዊ

španjolski

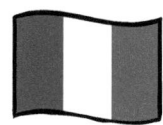

ፈረንሳዊ

francuski

ዓረባዊ

arapski

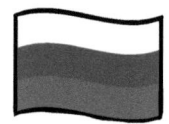

ሩሲያዊ

ruski

ፖርቱጋላዊ

portugalski

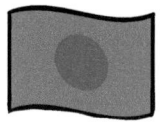

በንጋሊ

bengalski

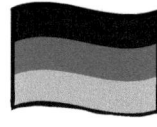

ጀርመናዊ

njemački

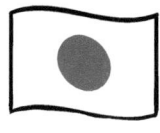

ጃፓናዊ

japanski

አነ

ja

ንስኻ/ኺ.

ti

ንሱ / ንሳ / ንሱ

on / ona / ono

ንሕና

mi

ንስኻ

vi

ንሳቶም

oni

መን?

tko?

እንታይ?

što?

ከመይ?

kako?

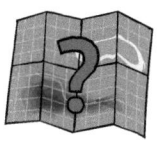

አበይ?

gdje?

መዓስ?

kada?

ሽም

ime

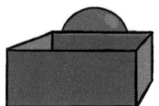

ድሕሪ

iza

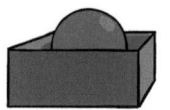

አብ

u

አብ ቅድሚ

ispred

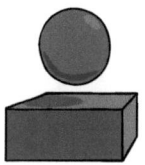

አብ ላዕሊ,

preko

አብ ልዕሊ,

na

ትሕቲ ምድሪ

ispod

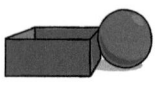

አብ ጥቓ

pored

አብ መንጎ

između

በታ

mjesto